OBSERVATIONS

PRÉSENTÉES A L'ENQUÊTE PAR LES DÉLÉGUÉS DE LA VALLÉE DE L'ISÈRE

DANS L'INTÉRÊT DU TRACÉ PAR CETTE VALLÉE.

Les délégués de la vallée, interprètes des vœux et des besoins des populations dont ils sont chargés de défendre les intérêts, ont assurément confiance dans la juste appréciation qui sera faite de leurs droits, à obtenir le tracé de l'embranchement. Mais ils comprennent aussi la nécessité de faire connaître tous les motifs sur lesquels ces droits se trouvent fondés, afin que la justice de M. le Ministre des travaux publics, chargé par la loi de prononcer en dernier ressort, ne soit point égarée.

Leur tâche a du reste été bien simplifiée depuis que M. le Ministre a lui-même indiqué les points qui, dans l'enquête, devaient surtout attirer l'attention des intéressés et annoncé que de leur solution devait dépendre son choix. Ces points ont été ainsi formulés dans la réunion qui a eu lieu à Valence :

1º Pentes et rampes, — courbes et alignements droits, — difficultés du terrain, — terrassements, — travaux d'art, — dépenses, — produits du chemin.

2º Quel est celui des tracés qui présente le plus d'avantages — dans l'intérêt de l'Etat, — pour la facilité et la sûreté des communications avec Grenoble et les places fortes des Alpes, — pour la défense du territoire, — pour la sécurité du tracé lui-même?

3° Quel est le tracé le plus utile aux populations pour le transport des voyageurs, — des marchandises — et pour les relations commerciales en général? — Populations agglomérées traversées, — usines et fabriques, — rapidité dans le transport.

4° Quel serait l'avenir du chemin de fer, — relations internationales?

La réponse à toutes ces questions, dans l'ordre qui leur a été assigné, eût été commode et surtout facile, fondée qu'elle peut être sur des documents irrécusables, comme sur la plus exacte connaissance des faits et des lieux; mais les rapports de M. l'Ingénieur en chef de l'Isère, soumis à l'enquête, contenant, sous son point de vue particulier, la solution des mêmes questions, il a paru plus convenable pour l'intelligence de tous, de les suivre pas à pas dans leur discussion. Si la question générale en reçoit quelques lumières, il faut espérer que les convictions profondes qui l'auront produite, seront partagées par M. le Ministre des travaux publics et par le conseil général des ponts et chaussées. Les populations intéressées de l'Isère et de la Drôme d'abord, puis celles de tous les pays qui entretiennent avec elles des relations suivies, sanctionneront ensuite d'entraînement l'adoption du tracé qui aura été préféré.

Les rapports de M. l'ingénieur en chef sont écrits avec talent, on ne saurait le méconnaître; sa conviction aussi paraît complète; cependant après l'étude attentive de ces documents, on ne peut s'empêcher de faire la réflexion que l'enfantement des tracés de Vienne et de Saint-Rambert, s'il a été pour lui aussi audacieux que pénible, a cependant amené des résultats inespérés qui l'ont entraîné à presque atténuer leurs défauts pour en faire ressortir tous les avantages; de là les efforts presques surhumains et les labeurs incessants pour conserver l'existence à ces projets.

Mais l'intérêt général qui doit, avant toute considération, prédominer la question, est sévère de sa nature et fort peu susceptible de se laisser séduire par les élans d'amour de la paternité. Ne perdant jamais de vue le but, il veut connaître à fond tous les moyens, afin de les apprécier à leur juste valeur, et il soulèvera impitoyablement le voile innocent qui a pu tomber par hasard sur les parties défectueuses de ces projets.

Les études sur les travaux de M. l'Ingénieur en chef de l'Isère seront en conséquence présentées dans l'ordre qu'il leur a assigné. Tout ce qui sera placé entre des guillemets « », en sera extrait, soit en analyse, en conservant autant que possible ses paroles, soit textuellement, en ne nous attachant du reste qu'à ce qui pourra fournir des élémens utiles à la discussion. De même, toutes les réflexions placées entre des parenthèses ( ) nous appartiendront.

« Le rapport de M. l'ingénieur en chef est divisé en trois parties, savoir :
» 1° *Indication et description des tracés;* 2° *évaluations des frais et produits;* 3° *comparai-*
» *son des divers tracés et conclusions.* »

CHAPITRE PREMIER.

‹ INDICATION ET DESCRIPTION DES TRACÉS.

‹ § 1er. — Considérations générales.

Après avoir indiqué que Grenoble est à la cote 214 mètres environ au-dessus de la mer, etc., M. l'ingénieur en chef décrit la configuration du pays et en tire cette conséquence : « Que l'idée qui se présente le plus naturellement lorsqu'on cherche sur la
› carte du département à rattacher Grenoble au chemin de fer de Lyon à Avignon
› par un embranchement, c'est de suivre la vallée de l'Isère et d'aller aboutir à Va-
› lence ou à Tain. »

‹ Mais l'éloignement de ces tracés des directions de Vienne et Lyon, a fait recher-
› cher et reconnaître l'existence du col de Beaucroissant (432 mètres 48 au-dessus de
› la mer) qui serait un point obligé pour tout chemin de fer dans cette direction. »

Nous ne saurions nous empêcher de faire remarquer que la pente moyenne de 5 mill. 6, regardée comme *peu sensible* par M. l'ingénieur en chef, quand il s'agit des tracés de Vienne et Saint-Rambert, est déjà en dehors des prescriptions de la loi qui dispose formellement que les pentes et les rampes ne devront pas dépasser cinq millimètres, sinon dans quelques cas exceptionnels, par tolérance, et sur la demande formelle des concessionnaires de la ligne. Cette disposition est même si impérieuse aux yeux de la même loi, qu'à propos du chemin de fer de Paris à Lyon, elle a voulu autoriser spécialement et par exception deux pentes ou rampes à 9 mill. Or, le tracé de Saint-Rambert contient à l'extrémité de l'immense plaine si *uniforme*, si *facile*, qui d'Aprieu s'étend jusqu'au Rhône, une pente de 7 mill. sur 7 kilom. de longueur, et de Beaucroissant à Saint-Egrève une même pente de 7 mill. sur environ 27 kilom. de longueur, et *continue* sur plus de 21 kilomètres, sans paliers pour les stations.

Quant au tracé de Vienne : outre les 27 kilomètres, à pente de 7 mill. communs avec le tracé de Saint-Rambert, il présente une pente de 8 mill. sur plus de 9 kilom. de longueur. De semblables exceptions qui font presque la règle générale de ces tracés, pourraient-elles bien être adoptées sans qu'une nouvelle loi vînt les autoriser ?

Dans les tracés par la vallée de l'Isère, la plaine de Grenoble à Tullins ; celle qui sépare l'Albenc du ruisseau de Vézi ; celle entre Saint-Marcellin et Saint-Hilaire ; enfin celle qui s'étend du village de la Beaudière jusqu'au Rhône, sont toutes beaucoup plus uniformes que celles d'Aprieu au Rhône ; elles présentent, excepté au passage de quelques torrents, de plus grandes facilités, et composent surtout une plus grande longueur de tracé ensemble.

L'attention que M. l'Ingénieur en chef appelle sur l'importance commerciale de Vienne est bien loin de se rapporter tout entière aux intérêts de Grenoble et du dé-

4

partement de l'Isère, car ces relations sont presque toutes avec Lyon ou avec le midi. A cette importance commerciale qui ne saurait en conséquence être un motif suffisant de rattacher à Vienne l'embranchement, on peut d'ailleurs opposer avec avantage celle de Valence ou Tain, de Romans, de Saint-Marcellin et de toute la vallée où se trouvent en plus grand nombre des usines et des fabriques, qui ont avec Grenoble des relations directes bien autrement importantes, et font avec l'extérieur un commerce plus étendu.

§ 2. — Point de départ.

M. l'ingénieur en chef prouve par des raisonnements tout à fait plausibles que la gare ne saurait être placée ailleurs que dans les terrains libres de la nouvelle enceinte, et qu'ils présentent seuls le développement nécessaire, ainsi que la facilité de prolonger le chemin de fer sur Vizille comme sur Chambéry.

§ 3. — Tracé, par Romans et Valence.

« L'emplacement de ce tracé sur la rive droite de l'Isère est parfaitement motivé
» par la description des terrains, par l'agglomération des populations dans les villes,
» bourgs ou villages situés sur les plateaux et en général au débouché des vallons. »
Quelques villes, bourgs ou villages se trouvaient, par le premier tracé proposé, un peu écartés de la ligne, mais les variantes proposées par M. l'ingénieur en chef et la modification que nous réclamerons pour l'amélioration du tracé en général, le font maintenant toucher à tous ces points; les pentes pourront rentrer ainsi dans des conditions à très-peu de choses près normales.

Description du tracé.

PREMIÈRE SECTION.

« De Grenoble à la rive droite de l'Isère le tracé est à peu près horizontal, et d'ail-
» leurs commun à tous les tracés. »

DEUXIÈME SECTION.

« De l'Isère à Voreppe les pentes seraient presque nulles, celle de 4 millimètres 5
» pourrait facilement sans augmentation bien sensible de dépenses être réduite à 3
» millimètres; cette modification n'a cependant pas paru assez importante à M. l'in-
» génieur en chef pour qu'il s'en occupât davantage. »

TROISIÈME SECTION.

« De Voreppe à Tullins les pentes sont encore très-faibles, excepté auprès de la
» Fure, où elles acquièrent 5 millimètres sur une longueur de 2768. »

On pourrait peut-être se rapprocher davantage des routes royales n°s 85 et 92 ; on y trouverait un terrain plus élevé, plus solide ; ce qui éviterait de grands remblais dont le relief paraît du reste exagéré.

QUATRIÈME SECTION.

« De Tullins à l'Albenc, le tracé est motivé par la forme du sol qui le dirige forcé-
» ment vers le hameau de Chapuisière, où il nécessite le creusement de deux tun-
» nels d'une longueur ensemble de 1068 mètres, tous les deux dans un rocher très-
» solide qui fournirait les matériaux nécessaires pour la construction des murs de
» soutenement ; mais la prolongation de ce tracé laissait le bourg de l'Albenc à 7
» ou 800 mètres, et celui important de Vinay à 1300 mètres. »

CINQUIÈME SECTION.

« De Vinay à Saint-Marcellin et au plateau de Saint-Paul, la direction du tracé
» traversait la riche plaine de l'Albenc, s'appuyait contre les coteaux de Têche,
» franchissait les torrents de Vezy, de Sarreloup et de Cumane, au moyen de
» viaducs d'une très-grande longueur ; il allait ensuite rejoindre les bords de l'Isère,
» traversant aussi, au moyen de trois nouveaux viaducs, les combes larges et pro-
» fondes qui se trouvent auprès de la Sône ; puis il allait, par un grand détour,
» rejoindre le Furand qui était traversé au moyen d'un viaduc de 168 mètres, et il at-
» teignait le beau plateau de Saint-Paul, après un souterrain de 1019 mètres creusé
» dans la mollasse. »

Combien de difficultés et de travaux d'art comporte cette section qui fai-
sait passer le tracé à 1500 mètres de Saint-Marcellin et à 2000 mètres environ des
beaux villages de Chatte et de Saint-Hilaire. Sur les réclamations de Saint-Marcellin,
de Vinay et de l'Albenc, M. l'ingénieur en chef s'est empressé de faire faire des études nouvelles qui ont amené les résultats suivants :

« *Première variante.* Elle avait pour but de rendre la pente uniforme et un peu plus
» faible, depuis le viaduc de Sarreloup jusqu'à celui de Furand, mais la direction
» du tracé restait la même. »

Par la *deuxième variante* « le tracé, à partir de la sortie du tunnel de Chapuisière,
» devra passer à 100 mètres de l'Albenc, à 200 mètres du village de l'Allègrerie ;
» enfin à 500 mètres du bourg de Vinay. Le parcours serait ainsi augmenté de 400
» mètres, et la rampe de 4 mil. 41 portée à 5 millimètres. En conséquence, c'est ce
» tracé qui est proposé. «

On voit combien peu d'efforts il a fallu pour obtenir cette amélioration.

Troisième variante. « Le torrent de Cumane serait passé à 240 mètres en aval de Saint-
» Marcellin, en acceptant sur l'une et l'autre rive des déblais considérables. On se di-
» rigerait ensuite par la combe Diablesse vers le village de la Sône, pour y raccor-
» der la ligne déviée nouvelle avec le tracé normal auprès de ce village important
» par son industrie et ses carrières de tuf. La pente serait réglée à 6 millim. 65 jus-
» qu'à Furand, sur une longueur de 14,185 mètres. »

Rien ne serait si facile que d'éviter la majeure partie de ces déblais; il suffirait de porter la pente du tracé, à partir de Vinay, de 5 millimètres à 5 millimètres 5 ; de le prolonger contre le flanc du plateau de la Maladière, un peu plus longtemps, et de traverser au besoin Cumane à 50 mètres, par exemple, plus à l'aval, afin d'allonger le rayon des courbes, aux abords de la station.

« Ce tracé augmenterait le développement de 226 mètres, la masse des terrasse-
» ments et celle des viaducs de la Sône; mais celui de Cumane n'aurait plus que
» 154 mètres de longueur au lieu de 250 mètres, et 27 mètres de plus grande hauteur
» au lieu de 32 mètres 78. En sorte qu'on se retrouverait à peu près dans les mé-
» mes conditions de dépenses et de longueur développée que par le tracé rouge.

» Dans le cas des convois très-chargés, des temps brumeux ou des pluies fines,
» les pentes nouvelles auraient l'inconvénient de ralentir sensiblement, d'arrêter
» peut-être la marche de ces convois, et par conséquent d'exiger l'adjonction d'une
» machine de renfort.

» Prenant en grande considération l'importance et l'intérêt de la ville de Saint-
» Marcellin, et même celle des voyageurs, M. l'ingénieur en chef est en conséquence
» d'avis d'adopter cette modification qui amène d'ailleurs un ensemble de tracé plus
» satisfaisant quant aux courbes, et plus rassurant que celles du tracé rouge, dont la
» convexité serait tournée vers le remblai, c'est-à-dire, vers le précipice. »

Nous avons cru devoir analyser longuement cette description de la troisième variante qui fait si bien le procès *aux fortes pentes et aux courbes à faible rayon;* nous ne nous en occuperons pas davantage, attendu qu'elle ne serait certainement pas celle adoptée.

Quatrième variante. — « Par la concession de fortes pentes faite pour la variante n° 3
» par M. l'ingénieur en chef, il s'est trouvé amené à en indiquer de nouvelles dans
» la direction suivante :

» Ce tracé nouveau partant également de Saint-Marcellin, irait, par un grand ali-
» gnement, tomber dans la dépression qui accompagne le torrent de Merdaret ; il
» s'appliquerait contre le coteau qui le borde sur la droite, suivrait ce coteau jusques
» à Furand, et traversant ce dernier, se prolongerait par un développement en flanc
» de coteau jusques au ravin de la Fournache, pour aller, après l'avoir franchi, re-
» joindre le tracé rouge auprès du village de Saint-Lattier. Il amènerait, sous le rap-
» port du développement, une réduction de 2578 mètres 90 millimètres ; mais il pré-
» sente des terrassements énormes, des pentes très-fortes de 6 millimètres 6 sur 4800
» mètres et de 8 millimètres sur 7600 mètres ; d'où un déblai de 11 mètres à l'extré-
» mité des 4800 mètres.

» Les trois viaducs de la Sône seraient supprimés à la vérité et celui de Furand ré-
» duit d'un tiers peut-être; mais il faudrait construire 1° un viaduc sur la Fourna-
» che ; 2° un pont très biais sur la route n° 92 ; 3° trois ponts au moins sur Merdaret
» et quatre viaducs sur des chemins.

» D'où une économie moindre de 100,000 francs. Quant aux pentes, la variante
» n° 4 ne serait inférieure à celle n° 3, qu'en ce qu'elle exigerait toujours le secours
» de la locomotive de garde. Elle passerait *hors de portée* 1° du village et du pont de la

> Sône ; 2º des agglomérations si importantes du Pont-en-Royans , de Saint-Jean-en-
> Royans et de Saint-Nazaire ; enfin , de toute la partie de la rive gauche de l'Isère,
> desservie par les routes départementales nᵒˢ 1 et 11 et le chemin de Dye au Pont-en-
> Royans. »

Il nous a suffi d'énumérer tous les avantages et les difficultés de cette variante nᵒ 4,
pour les faire comprendre ; mais nous croyons heureusement possible de conserver les
premiers en évitant les inconvénients, et voici comment :

A partir de la station de Saint-Marcellin on se dirigerait, par une courbe à grand rayon,
vers le Sud, jusqu'auprès de la maison Bouvier, où commence une dépression du sol
indiquée par les profils et qui, augmentée de la pente naturelle du sol dans le sens du
N. O. au S. E. en même temps qu'il en a une du N. E. au S. O., doit être éminemment
favorable au tracé. Par une nouvelle courbe en sens contraire, il prendrait la direction
de la dépression, qui est à peu près parallèle à la route royale nᵒ 92, pour se porter,
après l'avoir traversée ainsi que Merdaret, à la rencontre de la direction indiquée par la
variante nᵒ 4, direction qui serait ensuite commune; mais en traversant la Fournache
plus à l'amont, vers un point où les berges verticales, composées de molasse dure,
resserrent son lit. Après le passage de la Fournache, peut-être serait-il nécessaire d'ouvrir un tunnel de peu de longueur et dans une bonne molasse, au-dessous des ruines
du château pour rejoindre immédiatement après, le tracé rouge ; cependant nous
croyons possible d'éviter ce travail.

Ce qui constitue surtout la différence de cette modification d'avec la variante nᵒ 4,
c'est que nous proposons de traverser le torrent de Fournache à une hauteur de 20
mètres environ au-dessus de celle indiquée pour les autres tracés sur ce point ; ce qui
n'entraînerait qu'à des travaux d'art et de terrassements qui trouvent souvent leurs
analogues dans les tracés de Vienne et de Saint-Rambert. La pente générale exceptionnellement favorisée par celle de la plaine de Saint-Marcellin, pourrait être ainsi
réduite à 5 millimètres 5 et se terminerait à 1000 mètres environ au delà du tunnel de
la Baudière, permettant ainsi l'emploi en remblai des débris de molasse extraits du
même tunnel.

On voit tout de suite que cette modification amènerait également la suppression des
trois viaducs de la Sône et de celui de Furand ; elle éviterait les terrassements considérables nécessités par le premier tracé normal, la variante nᵒ 3 ou celle nᵒ 4 ; en permettant de placer en quelque sorte les rails pour une longueur d'au moins 7 kilom.,
immédiatement sur un sol qui présente partout le balast à moins d'un mètre de profondeur ; elle économiserait encore au moins 2500 mètres de parcours et toutes les dépenses de premier établissement qui s'y rapportent, c'est-à-dire, celle peut-être totale
de 2 millions ; elle mettrait le riche et populeux village de Chatte à portée de la station de la Sône, ferait passer le tracé non loin du beau village de Saint-Hilaire ; enfin
elle ferait rentrer tout le tracé par la vallée de l'Isère, dans les conditions normales
de maximum des pentes exigées par la loi.

Ce nouveau tracé nécessiterait, à la vérité, la construction de trois viaducs sur les
torrents de Merdaret, de Furand et de la Fournache ; mais cette construction serait on

ne peut plus favorisée, 1° par le resserrement de ces torrents, sur les points traversés, entre des molasses dures qui s'élèvent le long des deux premiers, jusqu'à 10 mètres de hauteur verticale, en leur laissant à peine 10 mètres de largeur, et au dernier, 50 à 60 mètres, suivant le point de passage ; 2° par l'inclinaison des terrains aux abords, qui permettraient de diminuer la longueur de ces viaducs, au moyen de murs de terrassement encaissant des remblais ; 3° par la proximité des matériaux et la facilité de les amener à pied d'œuvre, soit par la route royale, soit par les chemins parallèles ou perpendiculaires.

L'examen très-récent des lieux, leur disposition et les rares profils présentés à l'enquête, ont suffi pour nous convaincre pleinement que cette modification de tracé était convenable, possible ; mais surtout admissible. S'il eût été apporté à sa recherche et à son étude, une petite partie de l'entraînement et des soins prodigués aux tracés de Vienne et de Saint-Rambert, nous croyons que M. l'ingénieur en chef ne se fût certainement jamais occupé des tracés présentés dans cette partie, soit dans la direction du Bas-Cumane, soit dans celle de la Combe-Diablesse.

SIXIÈME SECTION.

« De Saint-Paul à la séparation des tracés de Tain et de Valence, on suit la pente
» du terrain qui est très-douce. La variante de Romans, qui ferait passer le tracé en
» dehors de la ville, le raccourcirait d'une quantité à peu près égale à l'allongement
» causé par celle de Vinay. »

‹ La traversée de l'Isère nécessiterait un pont de 105 mètres de longueur et 22 mè-
» tres de hauteur ; le creusement de deux tunnels dans la molasse et un grand rem-
» blai avec murs de soutenement. Le tracé pénétrerait ensuite à Valence par une
‹ courbe de 500 mètres de rayon, après avoir traversé un sol extrêmement facile.

» Le tracé sur Valence présente ainsi en aligne-
» ments droits............................ 61,930 m. } 99,234 m. »
En courbes de 500 et au-dessus....... 37,304 }

La variante n° 4 réduirait la longueur totale à 96,735 mètres environ et augmenterait de 5 ou 6000 mètres les alignements droits, en diminuant d'autant les courbes.

‹ Les autres caractères du tracé sont entre autres : un sol ferme et bien exposé, qui
» n'aura rien à craindre des écarts de l'Isère et touchera (1) les villes de Tullins, Saint-
» Marcellin et Romans ; » (les bourgs importants de Voreppe, Moirans, Fures et Vinay ; les villages de la Buisserate, de Saint-Robert, de Fontanil, de Vourey, Poliénas, l'Allégrerie, Tèche, Saint-Hilaire, Saint-Lattier, la Baudière, Saint-Paul-les-Romans et Châteauneuf ; il passera à portée de Saint-Egrève, de Voiron, de Rives et de la vallée de la Fure, de l'Osier, de la Sône, des riches villages de Chatte et de St-Antoine, tous agglomérés et tous situés sur la rive droite de l'Isère, à une distance

____

(1) Voir pour les distances, l'état placé à la fin du Mémoire.

moyenne moindre de 2000 mètres ; et sur la rive gauche il desservira exclusivement 25 bourgs ou villages, parmi lesquels Saint-Gervais avec sa fonderie de canons, le Pont-en-Royans, Saint-Jean et Saint-Nazaire ; tous également agglomérés, la plupart contenant des usines ou des fabriques ; aussi tous situés à une distance moyenne moindre de 3000 mètres du tracé de l'embranchement, et communiquant avec la rive droite de l'Isère où sont toutes leurs relations administratives, judiciaires et commerciales, par des ponts suspendus ou des bacs).

« Ce tracé comprendra 1 station de 1er ordre à Romans ; deux de 2e à St-Marcellin » et à Romans ; deux de 3e à Tullins et à Vinay ; dix de 4e à la Buisserate, St-Robert, » Voreppe, Poliénas, l'Albenc, la Sône, le Périer, Saint-Lattier, Saint-Paul et Châ- » teauneuf. »

On voit que les villages de Fontanil, de Vourey, de Fures qui a pour affluents Rives et Renage ; de l'Allégrerie, Têche, Saint-Hilaire, la Rivière qui aurait pour affluents tout le canton de Saint-Jean sur la rive gauche de l'Isère, et la Baudière qui aurait pour affluents Eymeux, les Fauries, Triol et Peyrins, ont été oubliés ou négligés dans le rapport, sans doute parce qu'ils n'ont pas été considérés comme assez importants, et pourtant, il en est plusieurs qui ont de 1000 à 1200 habitants. Eu égard à la pénurie que présente sous ce rapport le tracé de St-Rambert, on a indiqué des stations pour les moindres villages, lors même qu'il n'existe point de chemins pour les rejoindre. La compagnie concessionnaire modifiera grandement ces désignations.

« Ce tracé présentera de grands mouvements de terrain, 5 tunnels d'une longueur » ensemble de 3,637 mètres ; 2 grands ponts sur l'Isère, 7 grands viaducs ; 3 passa- » ges sous des torrents ; 5 ponts de 10 mètres ; 100 ponceaux ou aqueducs ; 3032 » mètres courants de grands murs de soutenement ; 14 viaducs sur des routes ou che- » mins, et 71 passages à niveau. »

Les *grands mouvements* de terrain seront singulièrement réduits par l'adoption des variantes ou des modifications proposées ;

Les viaducs ne sont plus qu'au nombre de 6 ; le profil synoptique et la hauteur réduite des viaducs de Vinay et de Sarreloup, indiquent suffisamment combien il serait facile de diminuer leur longueur, au moyen de murs de soutenement encaissant des remblais ; celui sur Cumane n'est plus que de 154 mètres au lieu de 250 mètres ; enfin les 3 viaducs sur Merdaret, Furand et la Fournache, ne coûteraient certainement pas davantage que ceux de la Sône.

Des 3 *passages sous torrents*, celui près de Voreppe a seul une importance réelle ; la Morge n'est qu'un fort ruisseau et il y a vraiment luxe à appeler celui de Tullins, un torrent.

Des 14 *viaducs sur des routes ou chemins*, il est bon de faire remarquer qu'il n'en est que 2 sur des routes royales, et 3 sur des routes départementales.

Enfin la construction des 3032 mètres courants de grands murs de soutenement serait extraordinairement favorisée et simplifiée par le voisinage des tunnels fournissant les matériaux nécessaires, ou par celui des carrières de tuf de la Sône et de Coupinière ; nous aurons l'occasion de revenir sur ce sujet.

Tracé par Romans et Tain.

Aucune difficulté tant soit peu sérieuse ne se présente pour l'exécution de ce tracé, dans des conditions tout à fait normales.

« Sa longueur totale serait en alignements droits. 61,494 m. ⎫
     En courbes.................... 34,481 ⎬ 95,975 m. »
                                   ⎭

Les variantes augmenteraient la longueur des alignements droits de 5 à 6000 mètres, en diminuant d'autant celle des courbes et réduiraient la longueur totale à environ 93,475 mètres.

« Mêmes caractères que celui de Valence sous le rapport de l'assiette et de l'exposition ; aussi de grands mouvements de terrain ; mais seulement 3 tunnels, de 2087 mètres de longueur ensemble. Un seul pont sur l'Isère, le moins élevé, le moins dispendieux ; un pont de 20 mètres sur l'Herbasse ; 2532 mètres 80 courants de grands murs de soutenement (tout auprès des tunnels de Poliénas) ; 16 viaducs sur des routes (dont 2 sur des routes royales et 4 sur des routes départementales), et 71 passages à niveau ; le surplus comme au tracé de Valence. »

Les mêmes stations indiquées jusques à Romans amènent les mêmes observations pour celles oubliées ou négligées. Au delà de Romans une station de 4e ordre à Chanas-Curson, et une station d'embranchement à Tain, ont été aussi oubliées.

La direction sur la Roche-de-Glun est indiquée « comme n'étant ni plus courte, ni moins dispendieuse que celle de Tain ; elle ne serait pas plus favorable sous le rapport des pentes ; enfin elle ne satisferait ni les villes et bourgs de la vallée, ni Valence, ni Tain, puisque ni l'une ni l'autre de ces villes n'auraient, soit les établissements, soit le mouvement qui se concentrent au point de soudure. »

Tracé par Saint-Rambert.

PREMIÈRE SECTION.

A propos de la description de ce tracé, il est bon de rappeler d'abord, comme M. l'ingénieur en chef, que « le col de Beaucroissant, point obligé, est à 218 mètres 32 centimètres en contre-haut du point de départ à Grenoble, et que le problème à résoudre consiste à trouver le moyen de racheter cette hauteur par un tracé acceptable.

» Aucune difficulté ne se présente pour l'exécution de ce tracé entre le point de soudure à Saint-Rambert et le point de Beaucroissant ; la plaine y est presque constamment uniforme.

« En se dirigeant de Beaucroissant vers Grenoble, à la remarquable uniformité de la plaine succède le plus inextricable mamelonnement, qui, si l'on prolonge par la pensée le plan de la plaine de Bièvre, se trouverait cependant au-dessous de ce plan. »

Par plusieurs considérations développées au rapport, M. l'ingénieur en chef établit
« qu'il n'a pas été possible de songer à faire passer le chemin de fer par la vallée de
» la Fure, le plus grand développement qu'on pourrait donner à ce tracé étant de 22
» à 23 kilomètres au plus, avec une pente continue de 10 millimètres au moins ; c'est
» par ce motif et quelques autres se rattachant à la forme du terrain, qu'on n'a dû
» s'attacher à l'étude du tracé, qui à partir du col de Beaucroissant, s'appuie autant
» que possible contre la chaîne qui forme le bord droit de la vallée. »

La première section étant commune à tous les tracés et ayant été décrite, on va
passer immédiatement à la suivante.

DEUXIÈME SECTION.

Entre le pont sur l'Isère et le col de la Buisse.

« A partir du pont sur l'Isère et 50 à 60 mètres avant la rencontre de la route
» royale, qui est franchie par un viaduc biais, on commence à s'élever par une
» pente de 7 millimètres se dirigeant vers le côteau ; on traverse par une tranchée
» de 20 mètres de profondeur, le pied de la montagne de Néron ; la Vence est passée
» à deux mètres de hauteur au-dessus de son lit, par une travée en fer de 10 mètres
» de portée, et l'on va s'appliquer contre la montagne, en ouvrant une tranchée de-
» puis le rocher de Roche-Pleine et dans toute l'étendue du plateau de Muret, jus-
» qu'après la première partie de celui de Saint-Egrève.

« Tunnel de 200 mètres à Roche-Pleine ; puis grands remblais avec murs de soutè-
» nement, et viaduc de 30 mètres de longueur, et 28 mètres 41 centimètres de plus
» grande hauteur sur le ravin de la Cascade.

» Plus loin, tranchée dans le calcaire marneux ; puis tunnel de 120 mètres dans le
» rocher de Cornillon.

» Après ce tunnel on suit les flancs très-accidentés de la montagne ; on traverse le
» pallier le plus bas du coteau de la Garde, au-dessus du Fontanil, puis l'on franchit
» par un pont et un remblai, le ruisseau et la profonde dépression qui l'accompagne.

» Tunnel de 734 mètres dans le contrefort du Fontanil, et dans le calcaire.

» Au delà, le tracé est attaché tantôt en déblai, tantôt en remblai, aux revers en
» marne calcaire qu'on retrouve jusqu'au ravin du Chevallon ; ponceau sur ce ravin ;
» tunnel de 100 mètres de longueur aussi dans le calcaire, à travers le contre-fort du
« Chevallon.

» Viaduc de 75 mètres de longueur, accompagné de remblais encaissés dans des
» murs de soutenement sur le ravin au fond duquel est établi le chemin des carrières
» de molasse. Ce viaduc aurait 31 mètres 31 centim. au-dessus du fond.

» Le tracé va ensuite passer derrière l'église de Voreppe, au moyen d'un tunnel de
» 205 mètres creusé dans un poudingue calcaire et siliceux, de consistance variable,
» mais en général peu dure, débouchant sur le vallon de la Roize qui est franchi par
» un remblai (on a voulu dire viaduc) de 300 mètres de longueur et 9 à 10 mètres

» de hauteur réduite (la plus grande hauteur n'est pas indiquée), encaissé en-
» tre des murs de soutenement et percé de voûtes pour le passage du torrent et
» des divers lacets du chemin de Voreppe à Saint-Laurent-du-Pont. A ce viaduc suc-
» cède immédiatement un tunnel de 1040 mètres de longueur ; puis le tracé s'appli-
» quant au débouché de ce tunnel contre les flancs du rocher, franchit par un système
» de remblais, murs de soutenement et viaduc de 75 mètres de longueur, la combe
» de 32 mètres 52 millim. de hauteur qu'on rencontre au profil n° 125; il aborde
» les balmes de la Buisse à plus de 100 mètres en contre-haut de la plaine qui s'étend
» à leur pied.

» Il s'engage d'abord à grande tranchée sur 500 mètres de longueur dans le cal-
» caire et tourne en même temps, suivant une courbe de 100 mètres de rayon et
» 926 mètres de longueur développée, pour s'appliquer à la sortie de la tranchée sur
» des marnes calcaires qui finissent par une série de ravins et de petits contre-forts
» indiqués par des dentelures sur le profil en long, et par les sinuosités que présente
» le plan de cette partie.

» Au surplus, dans toute l'étendue de cette 2ᵉ section, le tracé est une succession
» presque non interrompue de courbes concaves ou convexes, en général assez dou-
» ces; parmi lesquelles on en remarque toutefois de 5 à 600 mètres de rayon qui,
» pour la plupart, sont concaves, et par conséquent moins fâcheuses, ou suscepti-
» bles d'être adoucies à peu de frais (au moyen de grands remblais ou de viaducs).

» Selon M. l'ingénieur en chef, il serait facile, par exemple, d'améliorer par un
» tunnel de 250 mètres dans le rocher du Chevalon et par un allongement de 50 mè-
» tres du tunnel déjà projeté sur la rive droite, les trois courbes et le passage en
» grand remblais portés à l'avant-projet; » (ne serait-ce pas en augmentant la raideur
de la pente?)

M. l'ingénieur en chef indique encore d'autres modifications possibles tracées sur
le plan, puis il continue :

« Mais on comprendra combien il a fallu d'études et de peines pour parvenir dans
» un terrain aussi accidenté, aussi boisé, aussi abrupte, d'un aussi difficile accès en
» un mot, au résultat que nous présentons, et l'on s'expliquera facilement que nous
» abandonnions la recherche des perfectionnements, s'il y a lieu, à la compagnie
» concessionnaire.

» Dans toute la partie comprise entre le plateau de Saint-Egrève et le col de la
» Buisse, le tracé est attaché à une hauteur plus ou moins considérable, au-dessus
» de la plaine, aux flancs, en général, très-inclinés et très-accidentés des montagnes
» qui la bordent; il sera en tunnel ou en tranchée sur une grande partie de cette
» étendue, et quelquefois, quoique rarement, sur de petits plateaux ; mais sur 4333 mè-
» tres 70 de longueur totale, il sera en remblai à une hauteur considérable, sans ga-
» rantie naturelle contre les suites d'un déraillement. Il y aura donc nécessité, dans
» les parties dont il s'agit, de soutenir le chemin par des murs d'une grande solidité,
» surmontés de parapets susceptibles de résister au choc des convois. »

Après avoir fait l'énumération succincte des travaux d'art à exécuter, et des difficultés à vaincre, dans cette partie des tracés de Saint-Rambert et de Vienne, nous avons cru devoir donner en entier les alinéas qui terminent cette description ; elle justifie déjà suffisamment le reproche qu'a fait à ce tracé, M. l'Ingénieur en chef de la Drôme, *de présenter de graves et effrayantes difficultés*, et duquel il a dit : *que s'il était exécuté, jamais chemin de fer ne l'aurait été dans des circonstances aussi défavorables.* Pour notre compte, nous renvoyons nos observations sur ces travaux, au Chapitre 2ᵉ ; nous ferons remarquer toutefois que nous n'avons pu trouver nulle part aucune indication des travaux d'art qu'il sera probablement nécessaire de construire, *sur la série de ravins entremêlés de contre-forts, qui se rencontrent entre la Buisse et Voiron ; circonstance qui dénote un sol désagrégé et facilement entraîné* par les eaux.

TROISIÈME SECTION.

Entre le col de la Buisse et celui de Beaucroissant.

« Le tracé continue à s'élever par une pente de 7 millimètres ; il débouche à Cou-
» blevie par un tunnel de 407 mètres 30, suivi d'un grand remblai ; il franchit en-
» suite le vallon de Coublevie par un remblai et par un viaduc de 125 mètres de
» longueur sur 21 mètres 33 de plus grande hauteur, puis il s'applique contre le co-
» teau de Mattrait, près Voiron ; il traverse ce coteau par un tunnel de 143 mètres
» dans la mollasse et enjambe la Morge par un viaduc de 215 mètres sur 47 mètres
» de hauteur au-dessus du fond.

» Après avoir traversé les plateaux qui dominent Sermorens, il s'engage d'abord
» en tunnel dans la mollasse, sur 100 mètres de longueur et traverse la route royale
» ainsi que le ruisseau de Sermorens, au moyen d'un viaduc de 90 mètres de lon-
» gueur sur 14 mètres de plus grande hauteur ; il continue à s'élever avec la même
» pente de 7 millimètres qui règne ainsi d'une manière continue sur 21,720 mètres
» 85.

» Vient ensuite une rampe de 4832 mètres 80 de longueur à 5 millimètres 88 de
» pente, après laquelle on recommence à monter à 7 millimètres jusqu'au point cul-
» minant, situé à 5396 mètres 78. Plus loin le terrain se présente assez favorable-
» ment sur le premier 1/5ᵉ de ces 10,229 mètres 50 c. ; mais il devient ensuite très-
» accidenté, comme on peut en juger par les dentelures du profil en long. Il y aura
» à ouvrir de profondes tranchées et les remblais s'élèveront sur quelques points à
» 15 ou 20 mètres de hauteur. On percera deux tunnels, l'un de 70 mètres de lon-
» gueur, sous le château de Réaumont, dans un poudingue, que d'après les afïleu-
» rements on doit supposer peu dur ; l'autre de 210 mètres 55 dans un gravier or-
» dinaire et facile. Le passage du vallon de la Fure nécessitera un viaduc de 220 mè-
» tres de longueur et de 40 mètres de plus grande hauteur. Enfin il sera nécessaire
» pour le passage du chemin de fer de déplacer la route royale nº 85.

» Dans toute l'étendue de cette section, le tracé est sinueux, mais les courbes
» ont au moins 700 mètres de rayon, et bien que sur certains points elles se suc-
» cèdent en sens contraire, sans interpositions de parties droites, on comprend la

» facilité de corriger ce défaut, sans augmenter sensiblement ni la courbure des arcs
» ni la dépense à faire. » (Faute d'intelligence, sans doute, nous ne comprenons cette
amélioration qu'au moyen de grands déblais et remblais, ou tunnels et viaducs,
moyens peu économiques, et toujours en donnant plus de raideur à la pente.)

» M. l'ingénieur en chef indique ensuite spécialement une modification portée sur
» le plan et qui consiste à réduire la pente à 5 millimètres 5 à partir du viaduc de
» la Fure, en perçant un tunnel de 300 mètres au delà duquel on rejoindrait Beau-
» croissant, puis le tracé rouge, en face de Saint-Etienne-de-Saint-Geoirs. (Cette mo-
» dification allongerait le tracé, si nous ne nous trompons, de 1118 mètres.)

» De cette manière, la rampe de 7 millimètres ne serait reprise que sur 1600 mè-
» tres de longueur. »

QUATRIÈME SECTION.

Entre Beaucroissant et Marcilloles.

« D'abord, de légères ondulations, présentées par le profil en long, sur 3 ou 4
» kilomètres; puis le tracé s'applique presque exactement sur le terrain naturel.
» Évitant de traverser la route départementale n° 10 et le torrent du Rival, et le pla-
» çant à portée des agglomérations de la plaine; conditions qui toutes le ramènent à
» un même point, situé en face de Marcilloles, laissant la ville de la Côte-Saint-An-
» dré à 3125 mètres ou 3360 mètres au nord, selon celle des deux combinaisons qui
» serait adoptée.

» Sur ces réclamations de la ville de la Côte-St-André, la ligne normale devrait se
» dévier, pour en passer à 300 mètres de distance, ce qui est d'ailleurs d'une exécu-
» tion facile, mais augmenterait la longueur du tracé de Saint-Rambert de 2500 mètres
» et exigerait un passage à niveau de la route départementale n° 11. »

CINQUIÈME SECTION.

Entre Marcilloles et Saint-Rambert.

« Cette portion du tracé est en ligne presque droite et les pentes sont presque uniformes; celle de 7 millimètres sur les sept derniers kilomètres est présentée comme
sans inconvénient sensible, comme *voisine de Saint-Rambert*, point situé entre Lyon et Valence et où se trouverait une locomotive de secours constamment allumée, qui n'aurait rien de mieux à faire que de pousser pendant quelque temps les convois de l'embranchement.

» Le tracé sur Saint-Rambert présente en alignements droits....... 60,138^{m}28
» En courbes de 500 et au-dessus............................... 30,161 16

Total.............. 90,299^{m}45

Et avec les allongements de la ligne passant près de la Côte-St-André et
de la variante de la 3e section................................... 93,917 45

On remarquera que nous ne tenons pas compte des 450 mèt. indiqués pour la courbe au point de soudure de St-Rambert, de même qu'on l'a fait pour Tain.

» Les autres caractères du tracé sont : un terrain solide et bien exposé (excepté » cependant quand il se trouve ouvert contre le versant nord des coteaux, auprès » de Marcilloles), en plaine parfaitement uniforme (on avait dit ailleurs *presque*), et » sans aucune difficulté sur 58 kilomètres de longueur totale ; mais le reste s'étendra » sur un terrain très-accidenté et sera même d'une construction exceptionnellement » dispendieuse sur les 13 kilomètres compris entre Saint-Egrève et la Buisse. »

On a vu par l'énumération des travaux à exécuter sur la partie comprise entre la Buisse et Beaucroissant, que les difficultés et les travaux d'art s'y succédaient aussi presque sans interruption ; — l'exception peut donc s'appliquer encore à cette partie du tracé.

» Il présentera de grands mouvements de terrain, 11 tunnels de 3354^{m}45 de lon-» gueur ensemble (ou 13 tunnels ayant une longueur de 3954^{m}45, si les variantes » sont adoptées.) 4333^{m}70 de murs de soutenement, en général très-élevés, avec » parapets ; 1 grand pont sur l'Isère, 9 ponts de 5 à 12 mètres, 7 viaducs plus ou » moins importants, 20 passages sur ou sous des routes et chemins (dont 5 sur » des routes royales et 5 sur des routes départementales), 78 ponceaux ou aque-» ducs et 47 passages à niveau. (Nous n'avons pu trouver pour quel nombre les » routes royales, départementales et chemins de grande communication, se trouvaient » compris dans ces derniers.)

» Il touchera Voiron (mais à 60 mètres de hauteur, qu'il faudra racheter par un » développement de chemin de 1000 à 1500 mètres, suivant la pente), la Côte-» Saint-André, Beaurepaire (à 900 mètres), Voreppe, Beaucroissant, Izeaux, Sil-» lans, Saint-Etienne-de-Saint-Geoirs et grand nombre de villages échelonnés sur » cette ligne (mais à des distances plus ou moins considérables). Il desservira Rives » et les nombreuses usines de la Fure, le bourg de Moras et les riches agglomèra-» tions de la Valloire.

» Il comprendra 1 station de premier ordre au point de soudure ; 1 de 2e à Voi-» ron ; 2 de 3e à la Côte-Saint-André et à Beaurepaire ; 2 de 4e à Voreppe et à Ri-» ves (à 60 ou 80 mètres de hauteur verticale, par conséquent à une très-grande » distance) ; 10 de 5e, à la Buisserate, Saint-Egrève, le Fontanil, la Buisse, Réau-» mont, Beaucroissant (7 à 8 maisons), Sillans, Saint-Etienne-de-Saint-Geoirs, Mar-» cilloles. »

Cette énumération des stations et la distance à laquelle elles se trouveront des nombreux villages que la ligne doit desservir, lorsque d'ailleurs très-peu d'entre eux sont agglomérés, prouvent suffisamment combien peu de ressources présenterait la partie du tracé entre Saint-Rambert et Voiron, pour les voyageurs à courtes distances.

Tracé par Voiron et Vienne.

« Afin de favoriser le plus possible les relations de Grenoble avec le nord, des
» efforts ont été faits par M. l'ingénieur en chef pour diriger l'embranchement sur
» Vienne, comme le point le plus rapproché de Lyon ; le rapport fait valoir les con-
» sidérations topographiques qui militeraient en faveur de ce projet ou qui le ren-
» dent inadmissible par la vallée de la Gère. Il reconnaît cependant que ce tracé
» n'aurait que 93 kilomètres 85 de longueur, et le tracé total sur Lyon serait abrégé
» de 29 kilomètres 30.

» Il fait remarquer, à propos des longs tunnels qu'exigerait ce tracé, que leur
» inconvénient n'est pas seulement dans la dépense de la construction, mais en-
» core dans *les chances d'accidents* qu'ils présentent, dans *la surveillance* qu'exige leur
» parcours, et dans *l'inquiétude* et *le malaise* dans lequel ils tiennent les voya-
» geurs (1). La dépense des tunnels de Bossieux, d'Ornacieux et de Vienne arrive-
» rait à 10,730,000 fr., et les 3000 mètres de tracé aux abords de Vienne, ouverts
» dans les circonstances les plus défavorables à 1,260,000 fr. Si l'on joignait toutes
» les dépenses relatives à cette variante, à celles communes avec le tracé de Saint-
» Rambert, entre Grenoble et la Côte-Saint-André, on arriverait au chiffre de
» 41,834,531 fr. »

Tracé par Faramans, Poussieu et Reventin.

« C'est sur la proposition et d'après les études de M. l'ingénieur Berthier, sur ce
» projet, que M. l'ingénieur en chef fait connaître la solution à laquelle il s'est ar-
» rêté.

» On passerait au pied de la Côte-Saint-André, se dirigeant sur Penol, Faramans,
» Pommier, Revel et Poussieu, passant successivement de la vallée d'Eydoche à celle
» du Sizon, du Dolon et de la Lambre ; puis en souterrain, les coteaux qui séparent
» la Lambre de la Senne, jusqu'à Saint-Romain, et on déboucherait en tournant à
» droite sur le plateau qui s'étend jusqu'à Reventin. On descendrait ensuite sur
» Vienne en s'attachant aux revers très-accidentés, mais praticables en définitive
» (ils sont parallèles sur 10 à 12 kilomètres à la grande voie de Lyon à Avignon),
» qui bordent le Rhône jusqu'à la Gère et l'on viendrait aboutir au Champ-de-Mars
» de cette ville.

---

(1) Il n'a été fait aucune réflexion semblable, à propos des 11 ou 13 tunnels de la ligne de St-
Rambert, ni des pentes continues sur des courbes dominant des précipices de 100 mètres. Les
voyageurs y considéreront sans doute ces dangers avec impassibilité, du reste nous avons nous-
même écrit en *italiques* les mots qui font ressortir ces causes de dangers.

» Ce tracé, selon le rapport, se présenterait à peu près dans les mêmes conditions
» que le tracé de Saint-Rambert ; l'intensité de la pente exceptionnelle de 8 millimè-
» tres sur 9352 mètres, aux abords de Vienne, devant avoir peu d'influence sur les
» frais et la vitesse des transports, puisque la locomotive qui serait tenue allumée à
» Vienne pourrait fonctionner comme machine de renfort, pour les convois dirigés
» sur Grenoble.

» Considérant le tracé sous le rapport des courbes et alignements, on remarque
» que les courbes ont toutes un grand rayon entre la Côte-Saint-André et le souter-
» rain de Poussieu ; sur le reste du tracé on remarque des contours très-prononcés
» 1° vers la Sonne ; 2° au passage de la Varaize ; 3° au point où le tracé se rattache
» aux revers granitiques qui bordent le Rhône ; 4° enfin à celui où l'on quitte le
» même rocher. Ces courbes sont cependant encore d'un assez grand rayon. On ne
» pourrait, du reste, améliorer ces conditions sans augmenter sensiblement la dé-
» pense.

» Le passage du coteau qui sépare la Lambre de la Sonne a conduit à proposer l'a-
» doption d'un tunnel annulaire de 2000 mètres de rayon et 1947 mètres de longueur
» développée, avec pente de 3 millimètres 8, plutôt qu'un tunnel en ligne droite
» qui comportait un contour trop raide et un très-grand remblai, à l'entrée du sou-
» terrain, puis un accroissement de longueur de 1365 mètres pour l'embranche-
» ment.

» Considérée sous le rapport des difficultés d'exécution, la partie du tracé com-
» prise entre Beaucroissant et Vienne sera divisée en six sections faisant suite à celles
» du tracé de Saint-Rambert, sous les n°s 4, 5, 6, 7, 8 et 9.

» La 4e section peut être assimilée à la quatrième du tracé de Saint-Rambert.

» La 5e, qui s'étend jusqu'au souterrain de Poussieu, est toujours en plaine sur
» 25,780 mètres 70 de longueur ; elle exige des terrassements assez considérables en
» terrains faciles et des ouvrages d'art assez nombreux, mais peu importants.

» Le souterrain qui constitue la 6e section serait percé dans une mollasse peu dure,
» n'exigeant qu'un faible revêtement ; les puits d'airage et de construction auraient,
» au maximum, 100 mètres, et moyennement 70 mètres de hauteur (le cas où il se
» présenterait des eaux n'est point prévu).

» La 7e section se développe d'abord sur un terrain accidenté et présente un profil
» en long très-dentelé ; mais l'inclinaison transversale du terrain n'y dépasse guère
» 20 centimètres par mètre, et sauf les passages de la Sonne et de la Limone, les ter-
» rassements seront assez peu considérables. Au delà, le profil en long ne présente de
» grands mouvements de terrain qu'au passage de la Varaize et du Sizon, torrents
» qui vont se jeter dans le Rhône.

» Ce tracé comporte la construction d'un pont de 30 mètres de débouché et 17 mè-
» tres 70 de plus grande hauteur, ayant 85 mètres de longueur, d'une extrémité
» à l'autre des parapets, avec grandes levées d'accompagnement en remblais ; 2 ponts
» de 12 mètres d'ouverture ; une voûte de 6 mètres de largeur et 60 mètres de lon-

> gueur, sous remblai à 20 mètres 60 de plus grande hauteur ; 7 ponts de 3 à 4 mètres,
> 7 ponceaux ou aqueducs de 1 à 2 mètres, enfin 7 passages à niveau.

« La huitième section, commençant avec la pente de 8 millimètres, présenterait
> *des difficultés réelles d'exécution*, soit par la masse des mouvements de terrain
> qu'elle nécessiterait, soit par la nature du terrain, entre les profils n** 355 et 319.
> Dans toute cette étendue, le tracé serait en remblai sur des ravins plus ou moins
> profonds, et en déblai, soit dans un poudingue assez dur, soit dans un gneiss pas-
> sant souvent au granit. Cette section présenterait entre autres travaux d'art à con-
> struire, un tunnel de 242 mètres dans ce terrain ; deux voûtes, l'une de 60 mètres
> de longueur et l'autre de 95 mètres, toutes les deux sous ramblais et traversées par
> la première à 22 mètres, et la seconde à 34 mètres 31 au-dessus du fond; douze ponts
> ou ponceaux ; deux viaducs sur la route royale n° 7; enfin trois passages à niveau. »

« La neuvième section comprendrait toute la partie à établir dans l'étroite et pré-
> cieuse plaine du Plan-de-l'aiguille, près Vienne. Les seules difficultés qu'elle pré-
» sente consistent dans la grande valeur des terrains à acquérir et dans la masse con-
> sidérable de remblais à y exécuter avec les graviers du Rhône. Cette section
> comprendrait aussi 1 pont biais sur la route n° 7, et 1 pont ordinaire sur un
> chemin. »

« Le tracé de Vienne aurait en alignements droits ci.   53,879   29
« En courbes de 500 mètres et au-dessus, ci.   50,783   46

Total.   104,662   75

« Ses autres caractères sont un terrain solide et bien exposé, en plaine uniforme et
> sans difficulté sur près de 50 kilomètres ; mais le reste, sur un terrain très-accidenté
> et même d'une exécution exceptionnellement dispendieuse sur 20 kilomètres de lon-
> gueur. »

« Il présenterait de grands mouvements de terrains ; 13 tunnels de 5543 mètres 45
> de longueur ensemble (ou 6143 mètres 45 si les variantes proposées sont adoptées) ;
> 4333 mètres 70 de murs de soutenement, en général très-élevés, avec parapets ; 2
> grands ponts sur l'Isère et sur la Varaize ; 3 longues voûtes sous remblai, 10 ponts
> de 5 à 12 mètres d'ouverture, 7 grands viaducs, 8 autres plus ou moins impor-
> tants, 20 passages sur ou sous des chemins, 70 ponceaux ou aqueducs, et 35 pas-
> sages à niveau. » (Il n'est pas question des routes royales ou départementales tra-
> versées, ni du nombre de fois qu'elles figurent parmi les passages à niveau).

« Il touchera Voiron, la Côte-Saint-André, Penol, Faramans, Revel, Poussieu,
> Saint-Romain, la Chapelle, Assieu et Reventin, et desservira Rives, les usines de
> la Fure et Beaurepaire, quoiqu'à une assez grande distance. »

« Indépendamment de la gare de départ à Grenoble et de la station de Vienne, il
> comprendra 1 station de 2ᵉ ordre à Voiron ; 1 de 3ᵉ ordre à la Côte ; 2 de 4ᵉ à Vo-
> reppe et Rives ; 14 de 5ᵉ à la Buisserate, Saint-Egrève, le Fontanil, la Buisse, Réau-
> mont, Beaucroissant, Sillans, Penol, Pommier, Revel, Poussieu, la Chapelle, As-
> sieu et Reventin. »

L'énumération de tous les travaux d'art, des voûtes à grand remblai, des tunnels particuliers au tracé direct sur Vienne, suffisent pour en faire comprendre l'importance et faire apprécier les dépenses auxquelles leur exécution entraînerait. Les observations qui nous ont été suggérées, devant s'appliquer en commun aux tracés de Vienne et de Saint-Rambert, trouveront leur place dans l'examen des chapitres II et III.

Nous ferons remarquer du reste, que nous avons inutilement cherché sur la carte et sur la direction des tracés de Vienne et de Saint-Rambert *les nombreux villages auxquels ils toucheraient immédiatement;* presque tous en sont situés à des distances telles, qu'ils ne pourraient sérieusement en tirer avantage, et, comme Beaurepaire, auraient à regretter la circulation établie sur les routes qui les traversent.

CHAPITRE II.

ÉVALUATION DES FRAIS ET PRODUITS.

Parvenus à l'étude de cette partie du rapport de M. l'ingénieur en chef, nous croyons devoir prévenir que nos observations porteront seulement sur les faits ou les assertions qui nous paraîtront les nécessiter;. mais toujours dans l'ordre assigné par M. l'ingénieur en chef à son travail.

§ 1er. — Frais de premier établissement.

« Les transports y sont évalués dans l'hypothèse de la réduction du chargement aux deux tiers en raison du *mauvais état des chemins.* » Il n'est rien prévu pour le cas où il serait indispensable d'en créer, soit pour la construction des travaux d'art, soit pour l'arrivée aux stations. Or, il n'existe aucun chemin parallèle supérieur au tracé entr la Buisserate et Réaumont, non plus qu'aucun chemin perpendiculaire, viable; le petit nombre de ceux qui gravissent les montagnes ne pouvant être que d'un très-faible secours. Pour la construction des travaux d'art, il sera donc indispensable de construire une multitude de chemins de service à partir des routes les plus voisines ou des carrières, jusque vers les points où ces travaux seront exécutés, et cependant le rapport indique, mais vaguement, que « les blocs extraits des tranchées ouvertes au-dessus des » balmes de la Buisse, pourront être utilisés pour les travaux d'art de cette partie. » En y réfléchissant mieux, M. l'ingénieur en chef aurait sans doute reconnu, 1° qu'on ne peut songer à ne commencer cette grande tranchée que par l'une de ses extrémités; 2° que le terrain voisin ne présente aucun développement pour déposer et ébaucher les blocs; 3° que la tranchée étant ouverte à la fois sur beaucoup de points, les rochers extraits seront lancés à 100 mètres de profondeur dans la plaine; 4° qu'ainsi l'ancienne route qui longe ces balmes et dont le tracé a été changé, en partie, parce que la chute de rochers la rendaient dangereuse, sera immédiatement encombrée et qu'on se trouvera dans la nécessité de créer de nombreux chemins perpendiculaires entre la nouvelle route et l'ancienne, pour aller chercher les matériaux; d'où des dépenses considérables.

Quant aux stations, Rives et Voiron, par exemple, qui paraissent sur la carte très-rapprochées du tracé, elles se trouvent cependant de 60 à 80 mètres en contre-bas, et il sera indispensable sinon de créer en totalité des chemins pour atteindre ces élévations, du moins d'en ouvrir pour raccorder ceux qui existent avec les stations à construire et qui se trouveront ainsi fort éloignées des agglomérations; Fontanil, St-Robert, la Buisse, se trouveraient dans le même cas.

Pour les tracés de la vallée, au contraire, il se trouve sur la rive droite une route parallèle, toujours placée en contre haut et à très peu de distance des travaux d'art à construire; puis sur les deux côtés de cette route, un très-grand nombre de chemins perpendiculaires tous viables et pouvant tous être utilisés pour le transport des matériaux; enfin l'Isère, qui est aussi une voie parallèle, en contre-bas.

Les transports ne pourront pas se faire non plus par la voie ferrée dans cette partie des tracés de Vienne et de Saint-Rambert, pour la construction des grands viaducs de la poste de Voreppe, de Coublevie, de la Morge, de Sermorens et de la Fure, à cause des nombreux tunnels qui les séparent des carrières et des difficultés que présente le sol dans les intervalles. Or, on mettra bien plus de temps à creuser ces tunnels qu'à construire les viaducs; les matériaux pour ces derniers ne pourront donc pas, en grande partie, provenir des extractions faites sur le tracé, puisque leur gisement se trouve précisément du côté opposé à ces travaux, séparé par des tunnels de mauvaise nature (graviers et poudingue), ou forts longs justement interposés entre les lieux d'extraction et ceux d'emploi. Tous les matériaux pour les travaux d'art indiqués ci-dessus devront donc être transportés par les routes ordinaires et amenés à pied d'œuvre par les chemins à construire. Cette difficulté sera encore de beaucoup augmentée par l'absence avouée de tout développement pour l'emplacement des chantiers sur les terrains voisins de ces viaducs, qui précisément touchent presque tous aux débouchés, des tunnels.

Toutes ces circonstances font reconnaître qu'il y aura lieu d'augmenter notablement pour tous ces travaux, le prix fixé à 150 francs, ou de diminuer de beaucoup celui de 140 francs porté pour le tracé sur Valence. Dans ce dernier cas, les carrières sont en effet toutes situées sur les bords de l'Isère, en amont de tous les emplacements de viaducs, et l'on peut amener très facilement à pied d'œuvre les matériaux, soit par l'Isère, soit par les chemins perpendiculaires à la route royale n° 92, qui serait suivie jusqu'auprès de ces grands travaux. C'est ainsi que, pour le viaduc de Vinay, on pourra les prendre aux carrières de Saint-Gervais et les embarquer sur l'Isère, jusqu'au port de Treillins, en suivant les chemins actuels, sur environ 2000 mètres.

Pour celui de Sarreloup jusqu'au port de Beaulieu, en suivant les chemins sur 6000 mètres.

Pour celui de Cumane jusqu'au port de Beauvoir, en suivant les chemins sur une longueur d'environ 4000 mètres.

Pour celui de Furand, jusqu'à l'embouchure de ce torrent dans l'Isère, éloigné d'à peine 300 mètres.

On pourrait même améliorer de beaucoup ces conditions pour le viaduc de Sarreloup, en débarquant les matériaux à l'embouchure du ravin de ce nom dans l'Isère et en établissant un plan incliné qui n'aurait que peu de longueur ; de même que pour celui de Furand il serait très-facile d'établir un chemin de fer de service, du lieu de débarquement à l'emplacement du viaduc, comme on l'avait déjà fait pour le pont sur le même torrent.

Le prix de la maçonnerie en pierre de taille, porté à 100 francs, est exorbitant, pour le tracé par la vallée, et il doit être réduit d'un quart en portant la pierre dure à 75 francs pour les viaducs de la cinquième section des tracés de Valence et Tain. L'on en jugera par la comparaison des travaux du viaduc actuellement en construction sur la route départementale n° 1 et sur le torrent des Carmes, dont l'élévation totale est de 30 mètres, et dont le prix du mètre cube a été fixé par l'adjudication à moins de 70 francs. Ce sont aussi les carrières de Saint-Gervais qui fournissent les blocs de pierre, et ils sont amenés à pied d'œuvre par l'Isère et un chemin de fer de service (1).

L'emploi du tuf devra être plus général que ne semble l'indiquer le rapport ; on peut bien penser qu'il serait certainement employé comme pierre de taille, probablement pour toutes les voûtes des viaducs, à l'exemple de celles du viaduc sur les Carmes dont nous venons de parler, et d'un pont à construire tout auprès et qui aura 28 mètres d'ouverture, en conservant du reste, comme pour ce dernier, toutes les piles en pierre dure. Cet emploi devra encore diminuer de beaucoup l'estimation que nous portons néanmoins à 100 francs au lieu de 140 qui figurent sur le rapport, puisque le prix de la maçonnerie en quartiers de tuf ne saurait dépasser 35 fr., et n'a été porté dans l'adjudication dont nous avons parlé qu'à celui d'environ 30 fr. le mètre cube.

Le sable, qui est répandu à profusion le long de la vallée et la chaux hydraulique qu'on trouve à portée sur plusieurs points, seraient encore au besoin des motifs de diminution pour les travaux d'art du tracé de la vallée, et d'augmentation pour les autres lignes.

Les évaluations pour doublement partiel ou général de la voie, ne peuvent être contrôlées faute d'éléments ; mais en prenant pour point de comparaison les évaluations pour Saint-Rambert, elles semblent exagérées pour ce qui concerne les tracés

----

(1) Les plans et devis de ces travaux ont été dressés et approuvés par les mêmes ingénieurs qui ont fait le projet des tracés par la vallée.

de Valence et de Tain. En effet, les travaux d'art une fois achevés sur ces lignes , il ne restera plus que des terrassements à exécuter ; or , précisément les terrassements les plus considérables sont indiqués pour des parties voisines des tunnels , où ils auront été faits immédiatement en double voie , pour l'emploi des déblais.

Il n'en sera point ainsi au contraire des déblais extraits des nombreux tunnels à ouvrir le long du tracé de Saint-Rambert ; ils débouchent presque tous immédiatement sur des viaducs ; on sera , la plupart du temps, fort embarrassé de ces déblais , faute de développement du terrain.

Entre Grenoble et Tullins , les terrassements sur des terrains horizontaux devront être sensiblement moindres pour le doublement de la voie , que ceux nécessaires entre Grenoble et Beaucroissant, où l'on est presque toujours en tranchée, ou attaché aux flancs de rochers escarpés.

Les terrassements (terres ou rochers) sont portés au décompte , savoir :

Tracé par Valence......................... 5,400,000 fr.

par Tain......................... 5,170,000

par Saint-Rambert................. 4,330,000

Un examen très sérieux de cette question amènerait certainement une différence très considérable en faveur des deux premiers.

Travaux d'art.

Par l'application du prix de 100 francs au lieu de 140 à tous les travaux de la cinquième section du tracé de Valence , on trouve les résultats suivants :

1º Dans le cas de l'adoption du tracé de la ligne rouge pleine , passant au-dessus du château de Cumane et près de la Sône ,

Viaduc de Vinay....................... 216,300 fr.

Id.   de Sarreloup..................... 355,000

Id.   de Cumane..................... 712,500

Id.   de la route départementale nº 11..... 132,000

Id.   de la Sône, nº 1................... 135,000

Id.   nº 2................... 106,300

Id.   de Furand..................... 436,800

Au lieu de 3,215,000 francs du devis, on n'aurait que....... 2,094,100

2º Dans le cas d'adoption de la variante nº 3, passant près de Saint-Marcellin et regagnant le premier tracé par la Combe-Diablesse :

Viaduc de Vinay....................... 216,300 fr.

Id.   de Sarreloup..................... 355,000

Id.   de Cumane 380,000

Pour les 4 autres..................... 810,100

Au lieu de 3,215,000 du devis, on n'aurait que.... 1,761,400

Même au prix de 140 francs, la réduction des dimensions du viaduc de Cumane réduirait la dépense de 500,000 francs.

3° Dans le cas d'adoption de la variante n° 4 avec la modification que nous avons proposée.

Pour les 3 viaducs de Vinay, Sarreloup et Cumane................ 951,300 fr.

En supposant maintenant que les 3 viaducs à construire sur Merdaret, sur Furand et sur la Fournache, dussent coûter une somme égale aux 3 viaducs de la Sône, on aurait une somme totale pour ces viaducs de... 377,300

Total.......... 1,328,600 fr.

Ce qui produit, pour ce dernier cas, sur les prix portés au devis, une économie de la somme considérable de................................. 1,886,400 fr.

Sans compter celle relativement aussi considérable, en calculant sur les mêmes données, les travaux d'art pour viaducs de routes et chemins qui pourraient être construits en entier en quartiers de tuf.

Dans l'évaluation des travaux pour les diverses hypothèses, l'on peut remarquer page 23, des notes justificatives, ainsi qu'au deuxième alinéa et suivants, page 11, chapitre 2, les titres suivants :

« 1° Tracé par Valence.

» *Doublement entre Grenoble et Tullins, Romans et Valence.*

» 2° Tracé par Saint-Rambert.

» *Doublement entre Grenoble et Voiron.* »

D'où l'on peut tirer la conséquence que les voyageurs et marchandises transportés sur les points extrêmes seront plus considérables, même dans l'opinion de M. l'ingénieur en chef, sur les tracés de la vallée, puisque la première amélioration de la voie ferrée par lui proposée y comporte 48 kilomètres de doublement, tandis que sur ceux de Saint-Rambert et de Vienne ce doublement s'arrête à Voiron, c'est-à-dire, à 26 kilomètres de Grenoble.

§ 2. — Frais d'exploitation.

L'excédant de dépenses pour les locomotives de renfort à employer entre Grenoble et Beaucroissant sur 37 kilomètres afin de pousser les convois, ne paraît pas suffisant ; car rien n'indique qu'on ait tenu compte du retour de ces locomotives. La même observation s'applique à celles de secours devant être employées aux extrémités des mêmes lignes de Vienne et de Saint-Rambert, du côté du point de soudure. Dans ce dernier cas, il faudrait des locomotives faisant ce service spécial ; car celles tenues constamment allumées pour celui de la grande ligne de Lyon à Avignon, ne sauraient être détournées, sans de graves inconvénients. Du reste, *les cas de pluie, de brouillards, de vents contraires, de neiges, contribueront puissamment* selon l'opinion de M. l'ingénieur en chef, à nécessiter le secours de ces machines bien plus souvent qu'on ne l'admet, et sur toutes les pentes à 6 millimètres qui se trouvent le long des plaines de Bièvre, de la Côte et de la Valloire, à moins qu'on ne diminue la charge des convois.

Tous les calculs des frais pour les tracés de la vallée sont faits d'après la ligne rouge pleine, et cependant l'on admet que des variantes sont possibles ; et en effet, il en est deux qui sont proposées; mais on ne s'est pas occupé de la comparaison des dépenses dans le cas d'adoption de ces mêmes variantes.

Par exemple : celle de Saint-Marcellin, se dirigeant sur Furand, économise une distance d'environ 2500 mètres, en raison de quoi on n'a rien diminué sur la dépense d'acquisition des terrains ni sur celle pour les voies et moyens portés pour tous les tracés, à 93,204 fr. par kilomètre.

Dans les augmentations pour doublements partiels ou généraux, l'on ne s'est jamais non plus écarté de ce tracé rouge plein et l'on a ainsi calculé des terrassements pour un pays difficile tandis que celui traversé par la variante est presque toujours horizontal.

A propos de cette dépense des voies et moyens, il nous a été impossible de ne pas être frappés d'étonnement en remarquant que sur toutes les lignes le ballast était porté pour un prix égal de 2 fr. 50 c. le mètre cube; or, sur les lignes de Valence et de Tain et depuis le pont sur le Vésy jusques au Rhône, le gravier convenable pour servir de ballast, se trouve partout très-pur, contre les coteaux qui en sont formés, comme dans les plaines où il suffit de creuser à une profondeur moyenne de 1 mètre pour le rencontrer. Cette circonstance éminemment favorable et qui ferait tirer un bénéfice considérable pour l'exécution de la voie ferrée, *des grands déblais eux-mêmes*, permet de ne porter le prix de ce ballast pour les 50 kilomètres où on le rencontre si facilement, qu'au prix déjà très-fort de 1 fr. 50 c. A cause du voisinage de plusieurs coteaux, présentant une composition à peu près analogue entre le Vézy et Moirans, puis à cause de la proximité des bords de l'Isère, le ballast pour cette seconde partie ne devrait être porté qu'au prix de 2 fr., d'où un prix moyen de 1 fr. 75 c.

Il n'en serait point ainsi certainement, pour le tracé de Saint-Rambert, principalement dans la partie qui sépare Saint-Egrève de la Buisse; aucun chemin ne se rapprochant suffisamment, ni parallèlement, ni perpendiculairement de ce tracé, il faudrait inévitablement, pour transporter le ballast sur la ligne, attendre la complète exécution des nombreux viaducs et des tunnels qui s'y rencontrent, et l'amener totalement des bords de l'Isère par Saint-Egrève, ou bien des déblais du tunnel de Coublevie, si toutefois il y a possibilité d'en faire un approvisionnement suffisant à mesure qu'on l'extrairait. On serait donc entraîné à composer ce ballast, avec des débris de rochers, extraits des tranchées; or, tous ces moyens sont véritablement exceptionnels et ne sauraient supporter la comparaison avec ceux si simples présentés par la vallée de l'Isère.

Le matériel d'exploitation compris dans les voies et moyens, devra être moins considérable pour les tracés de Valence et de Tain, en raison de la moindre traction sur des pentes beaucoup plus faibles que celles du tracé de Saint-Rambert.

M. l'ingénieur en chef de la Drôme indique un quart pour cette différence; mais pour rester au-dessous de ses évaluations, nous la réduirons à 1/5e. On aurait ainsi une réduction sur ce chapitre de 5000 fr. pour le matériel et 1800 fr. pour le ballast; ensemble 6800 fr. par kilomètre. D'où, pour le tracé de Valence, une économie de.. 673,000 fr.

Et pour Tain, de.. 653,000

Dans le cas d'adoption de la variante n° 4 qui diminuerait la distance de 2500 mètres, l'on devrait, avant tout, retrancher toute la valeur de ce chapitre IIe; l'on obtiendrait ainsi encore une économie de............................ 233,000 fr.

La réunion de ces économies à celles considérables sur les travaux d'art établirait que les tracés par la vallée seraient déjà, sous les rapports de dépenses, inférieurs à celui de Saint-Rambert, de la somme d'environ 3,445,000 fr., dans le cas d'une seule voie. Ces économies seraient augmentées par celles que nous avons signalées à propos des travaux de terrassements et des travaux d'art en tuf.

La connaissance exacte de la valeur des terrains, le long de la vallée, nous permet encore de faire remarquer que cette valeur portée à 10,000 fr. l'hectare, entre le passage de l'Isère et Tullins; à 6000 fr. entre Tullins et Saint-Paul; à 6500 fr. entre Saint-Paul et la bifurcation des tracés de Valence et de Tain; enfin à 9000 fr. entre ce dernier point et Valence, peut être diminué sans le moindre inconvénient, de 1/5e. C'est encore une économie d'environ 150,000 fr. qui pourrait être augmentée d'une somme notable offerte en terrains par les villes et villages de la vallée; nous ne portons cependant ces sommes que pour mémoire.

Quant aux tunnels, nous ferons remarquer que celui qu'on rencontre aux Fauries, sur les tracés de Valence et de Tain, sera ouvert dans la mollasse dure, exploitable et exploitée; or, tous les blocs extraits peuvent être utilisés dans les travaux d'art; ils seraient même une ressource précieuse pour augmenter plus tard le produit des transports, par le chemin de fer. Le prix du mètre courant de ce tunnel, qui ne saurait exiger aucun revêtement, pas plus que ceux de Châteauneuf, ne devrait donc être porté que comme ce dernier, au prix de 300 fr. le mètre courant, puisque d'ailleurs on y rencontre également la possibilité « de prendre des jours latéraux à très-peu de distance »; ce serait encore pour les tracés de Tain et de Valence une économie de la somme de 510,000 fr.

Mais d'après les renseignements pris auprès de personnes qui ont exécuté et exécutent encore des tunnels sur toutes les espèces de terrain, renseignements que nous croyons positifs, nous pouvons affirmer que les prix portés pour les tunnels dans les notes justificatives, sont de beaucoup inférieurs aux dépenses qu'ils nécessitent. Ainsi ceux creusés dans le calcaire doivent être portés pour tous les tunnels d'une grande longueur et nécessitant des puits d'airation, à 1500 fr. le mètre courant et ceux d'une moindre longueur exécutés dans les circonstances les plus favorables, à 1000 fr.

Avec les procédés les plus simples, réussissant le mieux et coûtant le moins, on ne saurait non plus porter à moins de 1500 fr. le mètre courant, des tunnels dans le gravier; cette somme ne suffirait même pas, s'il s'y présentait des parties de poudingue dur , comme cela arrive très-souvent.

Enfin les tunnels dans le poudingue, qui ont apparu à M. l'ingénieur en chef d'une nature peu dure et exigeant même des revêtements, ne sauraient recevoir un prix certain, surtout aussi faible que celui de 600 fr. le mètre courant. Les poudingues sont en effet le résultat de l'agglomération de cailloux de différentes natures, produite par des sédiments calcaires déposés par les eaux; il s'y rencontre souvent des parties tellement dures , qu'elles ne peuvent être entamées par la pioche, ni par les massues; les mines s'y creusent très-difficilement et ne produisent qu'un faible résultat; les eaux viennent encore souvent ajouter à ces graves difficultés.

Toutes ces observations feront certainement reconnaître que le prix de 1500 fr. par mètre courant pour les tunnels creusés dans le poudingue, n'est point exagéré (1).

Quant au prix des tunnels dans la mollasse, afin de faire preuve d'impartialité et appliquant ceux qui nous ont été fournis, nous avons porté les tunnels dans la mollasse dure et exploitable à 800 fr. le mètre courant, et à la même somme seulement ceux dans la mollasse tendre, exigeant un mince revêtement. Ce sont de vrais cadeaux que nous faisons aux tracés de Vienne et de Saint-Rambert.

D'où il résulte que le tracé sur Valence devrait être augmenté quant au chiffre de ses dépenses et pour le creusement des tunnels qui se rencontrent sur sa direction, de la somme de... 1,308,500 fr.

Celui de Tain, de la somme de.. 533,500

Celui de Vienne, de la somme de.. 2,084,100

Et celui de Saint-Rambert, de la somme de................................. 1,973,100

C'est encore pour le tracé de Valence, un avantage de 600,000 francs et pour celui de Tain, de 1,400,000 francs sur celui de Saint-Rambert seulement.

D'où jusqu'à présent une différence de 5,000,000 en faveur du tracé de Tain (2).

Une dernière réflexion nous vient à propos des paliers horizontaux signalés pour

---

(1) Au moment où l'on va mettre sous presse, nous apprenons de la bouche même de l'un des propriétaires du massif de poudingue à creuser en tunnel, au-dessus de l'église de Voreppe, qu'ayant voulu y faire travailler à réunir plusieurs filets d'eau, afin d'augmenter le volume d'une fontaine, *il avait été obligé d'y renoncer, tant le poudingue s'était trouvé dur.* Voilà donc la présence de l'eau et l'excessive dureté bien certaines! Au lieu de 600 fr. le mètre courant, 2, 3 et même 4000 fr. ne suffiraient peut-être pas, et il y a 800 mètres à creuser dans un sol de cette nature! Nous croyons à la science des géologues; mais nous faisons aussi appel aux hommes d'expérience, pour déclarer si nous ne sommes pas dans le vrai.

(2) Nous avons supposé, quant aux tracés de Vienne et de Saint-Rambert, que les améliorations proposées par M. l'Ingénieur en chef, et qui exigent le creusement de deux nouveaux tunnels et l'allongement d'un troisième , seraient adoptées.

chaque gare d'évitement, le long des fortes pentes des tracés de Vienne et de Saint-Rambert ; ces paliers diminueraient d'autant la longueur des rampes et augmenteraient inévitablement leur raideur qui dépasse déjà beaucoup trop le maximum imposé par la loi, et atteindrait peut-être ainsi 7,5 ou 8 millimètres.

§ 3. — Appréciation des produits.

Les tracés par la vallée attireraient certainement, par la réduction inévitable des prix de transport, tous les voyageurs directs sur Vienne et sur Lyon ; M. l'Ingénieur en chef en convient ; puis toutes les marchandises provenant de ces villes comme du nord.

Jamais Vinay, St-Marcellin ni Romans n'iraient emprunter les lignes de Vienne ou de St-Rambert pour se porter sur Lyon. La raison en est simple, c'est que les relations des deux premières de ces villes avec Saint-Etienne-de-Saint-Geoirs, qui en est éloigné de 22 kilomètres, étant fort rares, les voitures publiques, à cause du petit nombre de voyageurs directs, ne pourraient faire que fort peu de voyages ; celui jusques à Tullins, qui n'est qu'à la même distance, pouvant d'ailleurs, par une route très-belle, s'exécuter en moins de temps et à meilleur marché : quant à Romans, cette ville est éloignée de près de 50 kilomètres de Saint-Etienne-de-Saint-Geoirs, et n'a avec ce bourg aucunes relations.

Jamais non plus les habitants de ces villes, de celle de Tullins, de Fures, de Vourey, de Moirans et de toute la rive gauche de l'Isère ne songeront à aller rejoindre les stations de Saint-Etienne-de-Saint-Geoirs, de Beaucroissant, de Voiron ou de la Buisse, pour se rendre à Grenoble ou dans le midi. Le temps, la dépense, l'ennui de l'attente et des transbordements, les relations avec Saint-Marcellin et Romans leur en ôteront toujours l'envie ; d'ailleurs, on n'aime pas à rétrograder quand il s'agit d'avancer. La station de Voreppe pourrait à la vérité être utilisée dans tous les cas de voyages à Grenoble ; mais elle serait située en contre-haut et assez loin de ce bourg, et l'on doit penser que les voyageurs arrivant en voitures, ne les quitteront pas pour économiser quelques minutes et risquer peut-être d'attendre fort longtemps le passage des convois. Romans, Saint-Marcellin, Vinay établiraient d'ailleurs des services sur Grenoble, au moyen des ponts suspendus d'Iseron et de Saint-Gervais, par la rive gauche de l'Isère et la route départementale n° 1.

Il en serait de même de tout l'arrondissement de la Tour-du-Pin, pour ses relations avec Bourgoin, Vienne et la Côte-Saint-André ; peut-être même, de celles avec Grenoble, qui conservera toujours, quel que soit le tracé adopté, des services réguliers sur Bourgoin.

Dans le cas au contraire de l'adoption du tracé par la vallée, les relations de l'arrondissement de la Tour-du-Pin, de Saint-Etienne, de Rives, de Roybon, de la Côte-Saint-André même, avec Saint-Marcellin, Romans et toute la vallée, attireraient leurs habitants à Moirans, Fures, Vinay ou Saint-Marcellin, pour se rendre à Grenoble ou dans le midi ; les distances qu'ils auraient à parcourir étant de chaque côté assez considérables pour procurer un bénéfice réel. Les relations administratives, judiciaires, commerciales, seraient des motifs de les attirer sur ces points, et le soin de leurs affaires leur rendrait l'attente moins pénible ; ce sont là des vérités incontestables. Tout en exceptant les voyageurs de l'arrondissement de la Tour-du-Pin pour Grenoble, nous croyons donc que c'est une erreur grave, dans laquelle on est tombé, en n'attribuant au tracé de la vallée aucune partie des voyageurs qui franchissent le col de Beaucroissant, et c'est avec raison que M. l'Ingénieur en chef n'admet pas ce principe.

La concurrence que pourraient faire au tracé de la vallée, des voitures partant de Grenoble pendant la nuit, pour transporter des voyageurs sur la grande voie de fer, comprise entre Vienne et Lyon, n'est pas admissible, à cause du long parcours et du peu de voyageurs intermédiaires. On n'aime pas d'ailleurs à voyager de nuit par de *mauvaises routes* et pendant de longues heures, quand il y a possibilité de se faire transporter rapidement, en plein jour et à travers un pays magnifique.

Cette concurrence aux tracés de Vienne et de Saint-Rambert serait au contraire inévitable et très-sérieuse, par la vallée de l'Isère et sur chaque rive, nous le disons avec pleine certitude ; parce que cette ligne aurait toujours pour les voyageurs à *courtes distances*, un nombreux service de voitures, éminemment favorisé par le tronçon de chemin de fer qui s'établirait bientôt entre Romans et la grande ligne, comme par la navigation du Rhône qui débarquerait à Tain ou Valence, les nombreux voyageurs jaloux de visiter notre belle vallée.

Si la concurrence d'un embranchement de Lyon sur Bourgoin est à craindre pour le tracé de la vallée, nous sommes bien surpris que M. l'Ingénieur en chef n'ait pas remarqué qu'elle le serait davantage encore pour les tracés opposés, qui en seraient plus rapprochés vers Voiron jusqu'à Beaucroissant. Nous profiterons néanmoins de la circonstance pour souhaiter aussi au département l'exécution de cette ligne qui ne saurait tarder d'être possible ; mais, dans notre pensée, par le seul vallon de la Fure, dût-on creuser un tunnel de 5 ou 6000 mètres dans le rocher, avec des jours latéraux, ou bien élever dans la plaine un viaduc gigantesque, travaux qui coûteraient certainement moins et seraient surtout moins dangereux que les travaux *modèles,* selon quelques-uns, *monstres,* selon beaucoup d'autres, que nécessitent les tracés de Vienne et de Saint-Rambert. M. l'Ingénieur en chef a déjà trouvé le moyen de développer des pentes à 10 millimètres sur près de 23 kilomètres ; nous croyons qu'avec des études sérieuses il ne tarderait pas à trouver mieux ; un homme qui n'a pas la prétention d'être savant, mais qui est homme de conviction et de dévouement, a déjà fourni de précieuses indications, bien capables de faire entrevoir à M. l'Ingénieur en chef la possibilité d'atteindre le col de Beaucroissant avec des pentes et des courbes que la science des chemins de fer semble tenir dans sa main prête à s'ouvrir. Dans l'espérance de la réalisation de ce projet sur Bourgoin, les tracés de Vienne et de St-Rambert devraient donc être abandonnés, surtout ce dernier, qui est repoussé par tout ce qui a quelque prévision dans l'esprit, comme incapable de satisfaire sérieusement aucune partie du département et ne pouvant que nuire à toutes.

M. L'Ingénieur en chef, en posant en principe que les lignes de Valence et de Tain ne sauraient avoir « *un douvoir fécondant, comparable à celui dont jouissent les lignes de Vienne et de Saint-Rambert* » nous semble avoir oublié complètement que les tracés par la vallée déposeraient en quelque sorte les voyageurs au centre des nombreuses et importantes agglomérations ; et à la porte de toutes les usines, fabriques et filatures, les houilles et les matières premières dont elles ont besoin. Il parait ne pas avoir remarqué que le plus grand nombre et les plus importants établissements que fait mouvoir la Fure, se trouvent beaucoup plus rapprochés du grand village de ce nom, que du hameau de Beaucroissant, et que Voiron, ainsi que beaucoup d'établissements sur la Morge, sont presque aussi voisins du tracé de la vallée que de la station placée au-dessus de cette ville. Le tracé de la vallée laisse même entrevoir la possibilité d'un tronçon qui relierait Voiron à Moirans ; nous ne soupçonnons pas que le tracé de Saint-Rambert puisse présenter les mêmes avantages dans l'avenir, ce nouveau tracé dût-il être comparable, par sa hardiesse, à celui de Saint-Rambert.

Saint-Marcellin, Vinay, Tullins seront prochainement éclairés au gaz, et il n'a tenu qu'à bien peu de chose, que la première de ces villes, où l'on comprend le bienfait d'une semblable amélioration, ne le soit déjà. Leurs foires, leurs marchés hebdomadaires y entretiennent, avec Voiron d'un côté, avec Romans de l'autre, le mouvement perpétuel d'une grande circulation.

La Morge, de Voiron à Moirans ; la Fure ; le Tréry à Vinay ; le Vézy au Guâ, tous affluents de la rive droite de l'Isère, voient continuellement s'élever sur leurs bords de nouveaux établissements industriels. Les belles eaux qui ne sont utilisées qu'en partie, par la fonderie royale de canons de Saint-Gervais ; le Nan à Cognin ; le ruisseau de Laval et la rivière de l'Yonne auprès de Saint-Jean-en-Royans ; Vernaison et la belle rivière de la Bourne, depuis l'amont du Pont-en-Royans jusques à Saint-Nazaire, aussi tous affluents de l'Isère sur la rive gauche, sont susceptibles d'alimenter des quantités considérables d'usines ou de fabriques, outre toutes celles qui y sont déjà en activité. Toutes seraient à peine éloignées de 4 ou 5 heures de Lyon, et cette circonstance donnerait dans notre département une telle impulsion à l'industrie, qu'elle n'aurait bientôt plus d'égale en France.

Or, le simple bon sens nous indique, que ces usines, ces fabriques, ces filatures, utilisant beaucoup de bras, mettraient en mouvement beaucoup de capitaux ; elles augmenteraient au fur et à mesure les relations avec Lyon qui consomme leurs produits, et avec le midi qui les exporte ; elles accroîtraient le nombre des voyageurs et consommeraient le plâtre, l'anthracite, la houille, dans des proportions considérables.

D'un autre côté, la vallée de l'Isère possède des beautés pittoresques, parmi lesquelles on ne saurait s'empêcher de citer, comme exclusivement particulières à l'arrondissement de Saint-Marcellin : *Choranches, avec ses eaux minérales, sa grotte, ses cascades* et *ses rochers se présentant en masses gigantesques, avec des couleurs si variées ;* le *Pont-en-Royans* sur la Bourne, au-dessus de laquelle les maisons sont suspendues à une élévation considérable ; les ruines de *Rochechinard, séjour du prince Zizime* et qui ont fait le sujet de tant de tableaux ; le plateau qui domine la montagne *de Tulo*, si apprécié par les herboristes et les entomologistes ; les *ruines de Beauvoir*, *demeure d'Humbert dauphin ;* enfin, *Saint-Nazaire*, avec ses *deux ponts presque superposés*, *dont Dieu seul a construit les culées ;* Saint-Nazaire qui offre à *Roche-Brune* le magnifique spectache produit par le confluent de sa rivière limpide, avec celle ardoisée de l'Isère, et par les rochers abruptes qui mêlent leurs bizarres tons avec une végétation luxuriante ; Saint-Nazaire enfin, bourg important par ses fabriques, orné de ses *belles fontaines de Thai*, des *grottes* qui les avoisinent ; mais surtout de son *Ruisseau-Rouge*, dont les bords magiques feraient seuls la fortune du pays, si les *beautés incroyables des rochers qu'on y rencontre* étaient connues des touristes et de tous les admirateurs des jeux extraordinaires de la nature.

Pour les archéologues, les environs de Saint-Marcellin possèdent encore les églises de *Saint-Antoine* et de *Marnans*, monuments d'un pur gothique, qui ont été classés par le gouvernement au nombre des monuments à réparer et à conserver ; pour les peintres, toutes les ressources que peuvent fournir les vues les plus variées, avec les lignes les plus belles et la plus magnifique végétation, au milieu d'un sol privilégié.

Nous tomberions dans une étrange méprise, si tant d'éléments de prospérité, de convoitise, n'étaient pas considérés comme *un pouvoir très-fécondant*, pour l'embranchement par la vallée.

Qu'on mette ensuite en présence, tant qu'on le voudra, la richesse du sol des plaines de la Valloire, de la Côte-Saint-André et de Bièvre : on n'éprouvera jamais, en les traversant, que cet ennui que cause toujours l'uniformité, cette inquiétude que produit l'isolement. On n'y voit en effet que quelques improductifs et minces filets d'eau tout près du Rhône et sur une petite longueur ; on ne rencontre jamais parmi cette population purement agricole, cette frénésie d'activité qui met en mouvement les pays industriels. Après cela, quand on songe aux dangers réels que présenteraient entre Beaucroissant et Grenoble, les convois lancés sur de longues pentes continues, et des courbes au rayon minimum de 500 mètres, qui atteignent bientôt d'autres courbes convexes tranchées dans des rochers à 100 mètres d'élévation verticale ; quand on se rappelle que les populations, les usines, les fabriques situées loin en contre-bas de ces tracés, ne pourront avoir avec eux aucune communication directe ni commode, n'est-on pas en droit de s'étonner que M. l'Ingénieur en chef ait trouvé à ces tracés *une puissance plus fécondante* qu'à ceux de la vallée de l'Isère !

Mais n'oublions pas qu'on est entraîné par le vœu de la nature à chérir ceux de ses propres enfants qui nous ont coûté le plus, même quand ils sont contrefaits ; et que les tracés par la vallée de l'Isère ont été en quelque sorte méconnus, si peu on a fait d'efforts, quoi qu'on en ait dit, pour les conserver viables. Heureusement ils sont soutenus par la puissance de la nécessité et de tous les avantages qu'ils présentent.

Prix des transports et application des prix à la circulation.

Malgré tous les calculs présentés, on peut regarder comme certain que les prix des transports seront toujours réglés par la compagnie concessionnaire, de manière à étouffer toute concurrence qui voudrait s'établir par la voie de terre, sur les routes parallèles, et elle les tiendra toujours très bas, afin de favoriser le plus possible la création de nouveaux établissements ; l'intérêt de Grenoble ne paraît donc pas être autant en jeu qu'on voudrait le donner à penser.

En examinant les choses avec attention, nous croyons avoir prouvé que sous le rapport de la concurrence, la vallée de l'Isère qui a tant de voyageurs intermédiaires, a beaucoup d'avantages sur les lignes de Vienne et de Saint-Rambert. L'intérêt de la compagnie concessionnaire, l'intérêt de l'Etat, l'intérêt général des départements de l'Isère et de la Drôme, veulent donc que l'embranchement fournisse les moyens non-seulement de faire taire, mais encore d'ôter, de prime abord, tout désir d'entreprendre des concurrences, tout espoir d'en voir réussir, sinon sur les routes perpendiculaires et à travers les pays qui momentanément ne seront pas desservis. Afin d'y parvenir sûrement, il faut donc satisfaire les besoins qui les rendraient inévitables.

Or, n'est-il pas évident que l'embranchement étant fixé dans la vallée, aucune concurrence n'est déjà possible par les routes royale n° 92 et départementale n° 1, non plus que par l'Isère, qui toutes sont des voies parallèles ?

La route d'Andance, qui est également parallèle, à peu de chose près et qui d'ailleurs n'est desservie *par aucune voiture publique*, n'est-elle pas dans le même cas ? Et celles qui se dirigent par la Côte-Saint-André sur Vienne, pourraient-elles avoir, après l'établissement du chemin de fer, plus de chances qu'aujourd'hui pour les transports directs des voyageurs sur Lyon, lorsqu'elles ont tant de peine à se soutenir ; lorsqu'il est certain que le trajet de Grenoble à Lyon se ferait dans le tiers du temps qu'elles emploient ?

Que le tracé soit au contraire fixé sur Vienne ou sur St-Rambert ! le Rhône, l'Isère, les deux routes parallèles qui longent la vallée, le tronçon de Romans, tout s'organise immédiatement, tout se donne la main pour entreprendre et faire réussir cette concurrence qui sera d'autant plus redoutable, que les usines et les fabriques qui sont les grands consommateurs, y trouveront leur intérêt ; que le pays auquel on aura cherché à enlever ses droits acquis, aura été froissé dans ses habitudes et ses relations.

Un simple raisonnement suffit donc pour lutter avec avantage contre cet échafaudage de chiffres fort savants sans doute, mais qui ne sont qu'une tangente au cercle qui contient les vérités et ne s'appuient que sur des hypothèses plus ou moins vraisemblables que nous n'avons ni la possibilité ni le loisir de contrôler, laissant à d'autres le soin de remplir cette tâche difficile. Nos convictions, fondées sur l'immense circulation de tous les jours et de tous les instants, établie dans la vallée, comparée à celle actuelle entre Rives et les bords du Rhône, même dans la direction de Vienne, ne sauraient donc être ébranlées par les résultats présentés.

A l'appui de nos assertions, nous placerons cependant à la fin de nos observations, 1° un état sommaire du nombre d'établissements industriels que desservirait le tracé de la vallée; 2° un état contenant le nom de toutes les stations nécessaires pour les deux chemins avec leurs affluents et les distances moyennes jusqu'au tracé de l'embranchement; 3° un état contenant le nombre des patentés industriels qui sont répandus dans la même zone; 4° un état des voitures publiques existant sur la route de Grenoble à Valence et Tain. Nous laisserons ensuite aux hommes clairvoyants, qui ne sont mus que par les véritables intérêts généraux du pays et qui ne sont aveuglés par aucune préoccupation particulière, le soin de prononcer en conscience, quel est celui des tracés qui présente *la puissance la plus fécondante pour l'avenir de l'embranchement.*

CHAPITRE III.

COMPARAISON DES TRACÉS, RÉSUMÉ ET CONCLUSIONS.

Cette dernière partie du travail de M. l'Ingénieur en chef a pour but de considérer l'embranchement « sous le point de vue des intérêts qu'il est appelé à desservir. Selon
» lui, c'est d'après l'exposé des motifs de la loi du 16 juillet, la ville de Grenoble
» qu'on a voulu, en raison de son *importance* industrielle et militaire, rattacher à la
» ville de Lyon. Ce sont parmi les départements situés entre le Rhône et les Alpes
» ceux *qui sont condamnés à n'avoir jamais que des routes imparfaites,* qu'on a voulu doter
» par compensation de communications rapides. Evidemment ce ne sont point les dé-
» partements du midi pourvus à eux seuls d'un réseau de chemin de fer et qui veu-
» lent s'approprier l'embranchement de Grenoble; évidemment au contraire, on au-
» rait eu en vue le département des Hautes-Alpes pour ses relations avec le nord;
» et le département de l'Isère *condamné à n'avoir jamais du côté de Lyon que des routes*
» *de terre imparfaites.* »

A cela nous répondrons au moyen du même exposé des motifs de la loi du 16 juil-let, *qu'elle a voulu, avant tout, satisfaire les besoins, les intérêts, les habitudes des populations et ne point porter atteinte à leurs droits acquis; que ce sont les populations les plus riches, les plus agglomérées qui doivent surtout être desservies;* et faisant l'application de ces principes au tracé de la ligne de Paris à Lyon, par la riche vallée de la Seine, l'honorable rapporteur de la loi fait ressortir la nécessité d'y placer le tracé à l'exclusion des plaines riches, mais désertes, de la Brie. Si donc le même honorable rapporteur eût eu à se prononcer devant la chambre dans la question d'embranchement de Grenoble, n'est-il pas mille fois probable qu'il eût donné la préférence à la vallée de l'Isère, *si riche, si industrieuse, qui contient tant de populations agglomérées, sur les plaines riches mais dé-sertes* qui séparent Beaucroissant des rives du Rhône; malheureusement à cette époque les études étaient loin d'être complètes.

Le département de la Drôme est aussi bien situé entre le Rhône et les Alpes que celui de l'Isère et celui des Hautes-Alpes ; mais la preuve qu'il s'agissait particulièrement des intérêts du département de la Drôme, c'est qu'à la chambre des députés, l'honorable M. Mounier de la Sizeranne, député de la Drôme, a été désigné comme membre de la commission ; et, à la chambre des pairs, l'honorable M. Béranger de la Drôme, rapporteur.

Les *routes imparfaites* qui séparent Grenoble des bords du Rhône se rencontrent surtout dans la direction de Bourgoin ; or, tant qu'il n'y aura pas de chemin de fer de ce côté, ces routes, étant perpendiculaires à tous les tracés proposés, ne sauraient en recevoir qu'un bien faible dédommagement. Du reste, celle de Grenoble à Lyon, par la Côte-Saint-André et Eyrieux, ne laissera bientôt que fort peu à désirer, tandis que la route n° 92, sur la rive droite de l'Isère, comporte encore plusieurs rampes à 0,07 c. et au-dessus. Mais la vallée de la Seine et la vallée du Rhône sont pourvues de routes magnifiques et de navigation à la vapeur ; a-t-on songé pour cela à tracer les chemins de fer qui doivent relier Paris à Lyon et Marseille, *à travers les montagnes les plus abruptes et des terrains inextricables, sur un terrain exceptionnellement difficile et dispendieux.*

Le midi sera bientôt pourvu, il est vrai, *d'un réseau de chemins de fer*, et c'est pour le compléter qu'il est important de le continuer par la vallée de l'Isère.

Intérêts du département de l'Isère.

M. l'Ingénieur en chef paraissant croire fort peu à la possibilité d'exécution d'un tracé direct entre Grenoble et Lyon par Bourgoin, tracé qui, selon lui, « donnerait » satisfaction aux intérêts de la partie nord du département de l'Isère, se contente » d'exprimer le vœu qu'une autre combinaison vienne lui rendre une partie des » avantages directs qu'elle avait pu espérer. » M. l'Ingénieur en chef ne doit pas cependant ignorer que personne n'a dit encore à la science des chemins de fer : *Tu n'iras pas plus loin !* Et la découverte tardive des tracés sur Vienne, dont l'un est adopté par lui, après qu'il avait déclaré tout tracé impossible dans cette direction, devrait lui inspirer quelques doutes sur son infaillibilité. Les progrès récents de l'application du système atmosphérique qui permettrait de surmonter des rampes très-raides et de faire 25 lieues à l'heure laissent donc concevoir pour le chemin de fer par Bourgoin la réalisation de grandes espérances ; et c'est Bourgoin qu'il importe de relier à Grenoble et à Lyon, et non pas Vienne, qui l'est par la grande ligne, avec cette dernière ville, et le serait suffisamment avec Grenoble par la vallée.

L'amélioration de la navigation sur l'Isère que nous croyons possible, puisque M. l'Ingénieur en chef l'affirme, entraînerait le gouvernement dans des dépenses hors de toute proportion avec les résultats obtenus. Elle ne desservirait d'ailleurs que Romans, les Fauries, la Sône et Saint-Gervais, laissant fort loin de son cours toutes les agglomérations placées sur la route royale n° 92, comme celles de la rive gauche, et *acheverait ainsi leur ruine toujours en faveur seulement des points extrêmes.*

Les tracés de Vienne et de Saint-Rambert sont traversés 10 à 12 fois chacun par des routes royales ou départementales et ne sont point considérés par M. l'Ingénieur en chef comme une *nouvelle barrière* pour les populations qui ont des relations avec la vallée. La grande ligne de Paris à Marseille n'en est pas une pour les populations des rives opposées de la Seine, de la Saône et du Rhône; comment le chemin de fer par la vallée pourrait-il en être une sérieuse aux populations des villages de la rive gauche de l'Isère dans leurs communications avec la rive droite!

Si nous ne nous trompons, M. l'Ingénieur en chef a indiqué quelque part, dans son travail, qu'on *s'occupait sérieusement* de perfectionner les routes qui se dirigent sur Lyon et sur Gap. Or, le seul moyen d'obtenir bientôt les fonds pour opérer ces perfectionnements, c'est de rendre ces routes le plus possible perpendiculaires à l'embranchement, en adoptant le tracé de la vallée; voilà le bienfait qu'en espèrent surtout Rives, la Frette et tout le nord du département, en attendant mieux.

Nous sommes douloureusement peinés et nous ne saurions le taire, d'avoir lu dans le rapport de M. l'Ingénieur en chef, que la vallée ne désirait l'embranchement *que pour qu'il ne soit pas ailleurs.* Mieux renseigné, il aurait su qu'on ne s'y applique pas le parcours *total* d'une circulation, qu'elle n'est pas en position de jamais obtenir. Son ambition légitime consiste à ne pas se voir enlever ce qu'elle possède, lorsqu'on veut en *faire cadeau à qui n'a rien,* et cela pour la seule satisfaction, non pas des habitants de Grenoble qui savent mieux comprendre leurs intérêts particuliers en les conciliant avec les intérêts généraux les plus nombreux, les plus pressants; mais bien pour celle seule d'intérêts, d'amours propres ou de satisfactions personnelles qui y sont fort étrangers.

Mieux renseigné, M. l'Ingénieur en chef aurait su encore que, dans la vallée, on croit comprendre tout ce que peut appeler de bienfaits, tout ce que peut promettre d'avenir aux pays traversés un chemin de fer tracé dans des conditions semblables à celles qu'il présente dans la vallée, où il toucherait immédiatement à toutes les villes, bourgs et villages qui sont à cheval sur la route royale; on en trouverait au besoin la preuve dans les offres de terrains faites par les communes qui seraient disposées à en faire au besoin de plus grands (1).

Cette vallée étant mieux appréciée par lui, il aurait reconnu que les habitants, incapables d'une répulsion exclusive, souhaitent, autant que lui, le bien des autres; mais qu'ils ne sauraient se voir dépouiller, sans chercher à défendre leurs droits acquis, leurs fortunes, leur avenir, avec toute l'énergie dont ils sont capables; et ils se croient excusables de s'occuper de leurs intérêts particuliers lorsque *leur satisfaction ne saurait nuire sérieusement aux intérêts généraux bien entendus ;* plutôt que de chercher à

---

(1) La ville de St-Marcellin a voté le don gratuit de tous les terrains nécessaires au débarcadère et à l'assiette du chemin de fer, *dans toute sa traversée du territoire de la commune.* Le village de Chatte a voté 5000 fr. dans le même but, Vinay, 10,000 fr., etc. M. l'Ingénieur en chef pourra-t-il trouver dans ces faits la preuve *qu'on ne réclame le chemin de fer, dans la vallée, que pour qu'il ne soit pas ailleurs.*

reporter à leurs propres dépens , et , contrairement à tout sentiment de patriotisme , toutes ces richesses sur les pays voisins. Ils accepteraient en conséquence, sans se plaindre , le tracé de Vienne et ne repoussent exclusivement que celui de Saint-Rambert.

M. l'Ingénieur en chef regrettera donc d'avoir accueilli trop légèrement, mais surtout d'avoir répété *officiellement* des paroles qui ravalent les habitants de la vallée à des sentiments qu'ils n'ont pas, qu'ils ne sauraient avoir. En se rappelant que c'est lui-même qui, l'un des premiers, de concert avec M. le Préfet de l'Isère, à l'époque du mémorable rapport du mois d'août 1844 , a cherché à prouver *la convenance de l'embranchement par la vallée; l'importance qu'il pourrait acquérir par son prolongement sur Chambéry et Genève; les faibles sommes qu'il coûterait, etc.* Il ne sera donc point étonné qu'on y ait pris très au sérieux ses paroles, ni qu'elles aient mis en émoi les populations intéressées. M. le Préfet et lui ont eu depuis lors des motifs de changer souvent de manière de voir; à la bonne heure! quant à nous , le plus pur sang dauphinois coule dans nos veines , et nous persisterons toujours dans nos convictions.

Le prolongement du chemin de fer sur Chambéry et Genève d'un côté, sur Turin de l'autre, n'est presque plus aujourd'hui une question. On sait d'une manière positive que S. M. le Roi de Sardaigne tient à grande gloire de percer les Alpes, et il aurait ordonné déjà les études , en attendant qu'on puisse commencer prochainement les travaux qui seront poussés avec la plus grande activité. La Savoie compte sur ce bienfait qui aurait tant d'influence sur son avenir ; elle s'émeut également à la pensée de se voir reliée d'un côté avec Genève , de l'autre avec Grenoble , le midi et l'ouest de la France ; et l'embranchement par la vallée est le seul qui se présente pour atteindre ce but d'une manière convenable et utile. C'est là une vérité palpable.

Enfin les chambres seront saisies, à la prochaine session, d'un projet de chemin de fer qui, de l'ouest à l'est, traverserait toute la France et viendrait déboucher dans l'Ardèche, au-dessous de Valence. Cette nouvelle a été donnée par l'honorable M. Béranger de la Drôme, en présence de M. le Ministre des travaux publics; et M. l'Ingénieur en chef était présent. L'embranchement par la vallée se relierait donc immédiatement avec ce chemin; et si Grenoble parvenait à communiquer avec Lyon par Bourgoin, la réalisation de ces projets magnifiques, auxquels celui de Vienne, mais surtout celui de St-Rambert, opposeraient une barrière insurmontable, ne satisferait-elle pas complétement les habitants de Grenoble ? ne remplirait-elle pas de joie et d'espérance tous les habitants du département de l'Isère ?

Intérêts des Hautes-Alpes.

Nous croyons très-bien les comprendre et ne sommes point du tout étonnés que ce département fasse des vœux en faveur du tracé le plus direct sur Lyon, parce qu'il a fort peu de relations avec Valence et l'Ardèche , et que celles qui lui importent le plus, sont celles du midi , desservies par la route directe de Gap à Marseille.

Aux vœux des habitants des Hautes-Alpes, ne peut-on pas opposer avec avantage ceux obligés, ceux certains de la Savoie et de l'Ardèche, qui entretiennent avec le département de l'Isère et Grenoble des relations certainement plus importantes? Puis ceux de Vaucluse, du Gard, des Bouches-du-Rhône, de l'Hérault; ceux des chambres de commerce de Marseille, Nîmes, Avignon, ne peuvent-ils être opposés aux Lyonnais qui, eux, veulent bien sérieusement accaparer toutes les chances d'avenir, et ne sauraient supporter la prospérité d'aucun pays voisin.

Intérêts de Grenoble.

Non certes, Grenoble « ne verrait point s'effacer, par l'adoption de l'un des tracés » de la vallée, les relations qui l'unissent à Gap par ses établissements d'éducation, de son école de droit, de son école de médecine, » qui sont complétement indépendantes de tout tracé; et le prolongement du chemin de fer jusques à Vizille, comme l'a fort bien dit M. l'Ingénieur en chef, ne saurait qu'améliorer ces relations, en rapprochant autant que possible ces deux villes. Les *études sérieuses qui sont faites* pour rectifier la route de Gap compléteraient ce bienfait. Mais nous ne pourrons jamais croire que les relations de Gap soient plus importantes avec le nord que celles avec le midi, lorsqu'il y a presque équilibre pour le département de l'Isère.

Le tracé par l'embranchement de la vallée, loin de nuire à l'affluence des étrangers qui viennent fréquenter les eaux thermales ou visiter les sites pittoresques des Alpes, ne saurait qu'en attirer un plus grand nombre, par les richesses que possède sous ce rapport l'arrondissement de Saint-Marcellin; lorsqu'au contraire le tracé de Saint-Rambert serait bien fait pour les repousser. Les artistes, les touristes venant de Paris, seraient certes fort peu retenus par quelques kilomètres de plus à parcourir en wagons; leur but important est d'atteindre les lieux contenant des scènes de la nature capables de les émouvoir, et nous sommes bien obligés de le répéter, ce ne sont point les plaines de la Valloire, de la Côte et de Bièvre, qui se trouvent dans ce cas.

———————

Examinant à notre tour la question de temps employé pour les trajets, d'un point de vue peu scientifique, mais que nous croyons tout aussi positif, et utilisant les données de M. l'Ingénieur en chef de l'Isère, nous trouvons pour les trajets de Grenoble à Lyon :

Par Valence...... 6 heures 27 minutes.

Par Tain........ 5   47

Par St-Rambert... 4   57

Par Vienne....... 4   28

Ainsi, le voyage le moins long, celui par Vienne, devrait durer, aller et retour, 8 heures 56 minutes. Or, nous regardons comme impossible que les négociants de Grenoble qui veulent aller à Lyon, pour y traiter d'affaires importantes, puissent songer à faire le voyage en un seul jour. Le temps perdu pour se rendre du débarcadère au pied-à-terre choisi, celui de s'y installer, celui employé à prendre un repas, à se transporter dans les quartiers qui réclament leur présence, à débattre des intérêts avec leurs commettants, etc., etc.; tout cela nécessiterait sûrement plus de trois heures, tant sont longues et pénibles les courses dans les grandes villes; et la journée moyenne ne saurait être de plus de douze heures.

Si l'on veut que nous donnions notre opinion sur la manière simple, utile, économique de temps, qu'on devra employer pour faire ces voyages, nous dirons que le départ de Grenoble devrait avoir lieu à 3 ou 4 heures de l'après-midi, suivant la saison, afin d'arriver à Lyon à 9 ou 10 heures du soir; on a le lendemain toute la journée pour s'occuper de ses affaires et on repart à 3 ou 4 heures pour être rentré à 9 ou 10 heures.

Pour tous les autres voyageurs attirés par la curiosité, les eaux, etc., Grenoble sera toujours un point d'arrêt obligé et des différences de trois quarts d'heure à une heure et demie n'auront jamais sur eux la moindre influence; parce que *ce sont les environs de Grenoble qu'on veut visiter* et que *c'est à Grenoble* qu'il faut prendre ses repas avant de songer à se rendre à la Motte, Uriage ou Allevard. Quant aux voyageurs qui, dans le cas de prolongement de la voie ferrée jusqu'à Chambéry et Genève, voudraient continuer; nous savons à l'avance qu'ils arriveront tous du midi, et que pour eux comme pour les voyageurs intermédiaires entre Grenoble et Lyon, il y a bénéfice dans le trajet par la vallée.

Ne doit-on pas d'ailleurs faire entrer en compensation de la perte du temps que feraient les voyageurs directs sur Lyon, le bénéfice fait par ceux directs sur le midi? et pourrait-on oublier que les relations de ce côté doivent tendre à augmenter dans une progression incalculable. Bordeaux et l'Espagne y convïent par Toulouse, Cette, Montpellier et Nîmes. Marseille qui est sur la route d'Alger, cette magnifique conquête française; de toute l'Afrique, de l'Italie, de la Grèce, de la Turquie, de l'Inde et de la Chine; Marseille, dont l'importance va être de beaucoup augmentée, par la création d'un nouveau port, et qui, grandissant à vue d'œil, sera bientôt la seconde ville de France, doit fixer la sérieuse attention du commerce de Grenoble. De ce côté, l'immensité du globe nous présente la possibilité de transactions qui sont pour la plupart à naître, lorsque du côté du nord, au contraire, la vieille Europe tend tous les jours davantage à se passer de nos produits, à nous faire concurrence sur tous les marchés.

Nous soumettons avec confiance ces réflexions au commerce de Grenoble qui saura bien les apprécier à leur juste valeur; à M. le Ministre des travaux publics qui sait voir de haut et de loin.

Intérêts de Valence.

En supposant que les chemins de fer ne soient pas un grand bienfait pour les pays intermédiaires qui n'ont qu'une faible importance, lors même que ces chemins passent le plus près possible des agglomérations, les villes de la vallée ne sauraient cependant espérer mieux en compensation de la perturbation apportée dans leurs habitudes comme dans leurs intérêts, que la jouissance de cette ligne elle-même ; et sous ce rapport, le tracé par la vallée avec ses variantes adoptées et la modification réclamée, ne laisse rien à désirer sur aucun point.

Or, Valence qui possède de temps immémorial le transit de la vallée, doit chercher à prendre part au dédommagement qu'offrirait le tracé dans cette direction, en obtenant le débarcadère de la grande ligne de Lyon à Avignon ; et nous verrons tout à l'heure comment ce besoin pourra être parfaitement concilié avec les réclamations de Romans qui s'opposent au tracé direct sur Valence.

La pensée du gouvernement, non plus que celle des chambres, si elle n'a pas été de diriger exclusivement vers le midi les relations de Grenoble et du département de l'Isère, n'a pas voulu non plus les diriger toutes vers le nord, et le moyen d'établir l'équilibre le plus satisfaisant pour les grands intérêts généraux, est celui de favoriser les pays intermédiaires les plus populeux, les plus industriels. Tullins, Vinay, Saint-Marcellin, Romans, surtout, dont M. l'Ingénieur en chef néglige trop l'importance, ne sauraient-ils, dans ce cas, avoir quelque avantage sur la Côte-Saint-André et quelques villages inconnus.

Question militaire.

Nous sommes fâché que M. l'Ingénieur en chef de l'Isère, tout en parlant de l'influence de la question militaire et du besoin de faciliter les communications entre *Lyon, boulevard des frontières de l'est, avec les places fortes des Alpes,* se soit contenté de ces indications. Ce qu'il n'a pas fait, nous allons l'essayer.

La ligne sur Vienne, plus courte que celle par la vallée, pour les transports éventuels de troupes, d'armes ou de munitions, est on ne peut plus exposée à être rompue par un ennemi qui, débouchant de la Savoie, par les Echelles, pousserait une reconnaissance par les hauteurs qui séparent ce point de Chirens ou de Saint-Nicolas, favorisé dans sa marche par les mouvements de terrain ou les bois qui se rencontrent dans le pâté de coteaux élevés qui séparent la frontière sarde de ces villages. Cette reconnaissance se jetterait ensuite brusquement sur la gauche, et viendrait rompre la voie ferrée, à l'un des viaducs ou des ponts qui se rencontrent si nombreux, entre Sermorens et Réaumont. Une marche de nuit bien dirigée suffirait pour cette expédition et quelques sacs de poudre pour la rupture.

D'un autre côté, qu'on veuille bien remarquer *qu'un seul homme mal intentionné ou largement payé par l'ennemi,* qui partirait de Grenoble ou de Lyon avant un convoi chargé de troupes, pourrait aller s'embusquer dans les rochers qui dominent les grandes tranchées, et lancer sur la voie, au moment précis où le convoi viendrait à passer, quelques blocs détachés qui seraient arrêtés par les parapets *très-solides.* Ne doit-on pas frémir à l'avance du résultat d'un pareil événement, dont l'imminence ressortira davantage par ce que nous aurons à dire, quand viendra le moment de discuter la question de sécurité.

Le tracé par la vallée, au contraire, est complétement à l'abri des attaques de l'ennemi, comme de toutes les chances d'accident que ne puisse prévenir la surveillance ; puisque, d'un côté, il faudrait pour que l'ennemi puisse l'atteindre, traverser les défilés qui se rencontrent sur toutes les directions possibles, depuis le col de Pommiers jusqu'à la Fure et au delà ; et que de l'autre, à l'exception des passages de ponts et de viaducs, il serait presque toujours ouvert, dans la plaine jusqu'à Tullins et sur des plateaux jusqu'au Rhône. Ces simples explications paraîtront sans doute péremptoires ; il suffit, pour en connaître la portée, de jeter les yeux sur la carte des tracés divers, ou de la moindre connaissance des terrains sur lesquels devront être établis les différents tracés.

Chances d'un 2ᵉ embranchement.

Nous le pensons comme M. l'Ingénieur en chef, les produits de l'embranchement pourraient fort bien n'être pas encourageants pour la compagnie concessionnaire de la grande voie de Lyon à Avignon ; mais dans les cas seuls du tracé sur Vienne qui augmente démesurément de près de 10 millions avoués et de 15 millions au moins la dépense, sans présenter aucune chance sérieuse de grande amélioration dans l'avenir ; mais surtout dans le cas du tracé de Saint-Rambert qui, entraînant à des dépenses aussi disproportionnées, en offre encore moins.

Mais qu'on veuille bien supposer un instant que les Alpes seront percées dans la direction de Turin, et nous avons vu que *ce rêve était sur le point de se changer en certitude ;* puis que le tracé de Bordeaux, aboutissant à Valence sera exécuté ! N'est-il pas évident que l'embranchement par la vallée, se prolongeant jusques à Genève d'un côté et à Turin de l'autre, acquiert immédiatement une importance inespérée ? Lyon, comprenant alors tout ce qu'il y a d'avenir dans des relations faciles et promptes avec Turin et toute la haute Italie, fera tous les efforts possibles pour se relier avec Grenoble, par Bourgoin ; c'est-à-dire, par la voie la plus directe, ne fût-ce que pour empêcher que les voyageurs du nord, si jamais ils pouvaient arriver par le chemin du centre, ne vinssent à lui échapper.

Pour des intérêts aussi majeurs, 40 millions ne seraient plus rien ; ceux internationaux qui doivent relier la France à l'Italie seraient satisfaits ; et Grenoble, placé au centre de la vallée de l'Isère, serait un admirable foyer du grand théâtre industriel et pittoresque qui convoquerait au delà des Alpes un nombre immense de voyageurs.

Lorsque nous voyons qu'en Angleterre, déjà les routes de seconde classe sont partout remplacées par des embranchements ou des tronçons de chemins de fer, on ne saurait être bien reçu à vouloir faire passer *pour des rêves* les idées répandues par le bon sens public seul ; et les réalités qui sont présentées par M. l'Ingénieur en chef, sont heureusement tout à fait incapables d'enchaîner la puissance de l'avenir.

Mieux éclairé, le public qui ne saurait oublier qu'il s'agit en effet de *cet avenir entier*, non-seulement pour tout le département de l'Isère, mais encore pour tous les pays avec lesquels il lui importe de voir améliorer ses relations, se prononcera donc fortement pour le tracé par la vallée. Il le préférera, parce que c'est celui qui satisfait le plus d'intérêts actuels et que c'est celui aussi qui consacre les principes de justice et de haute politique que recommande l'exposé des motifs de la loi du 16 juillet dernier.

Abordons maintenant avec M. l'Ingénieur en chef de l'Isère, quelques questions qui n'avaient pas été résolues complétement par lui, et ont été le sujet *d'attaques très-graves* de la part de son collègue de la Drôme.

Difficultés d'exécution.

« M. l'Ingénieur en chef ne veut pas s'attacher à réfuter ce qui a été dit *des grandes
» et effrayantes* difficultés d'exécution que présenteraient les projets de Vienne et de
» Saint-Rambert, dans la partie qui leur est commune (entre Saint-Egrève et Beau-
» croissant). Il se contente de faire observer qu'aucune de ces difficultés ne pré-
» sente la moindre chance d'insuccès, que chacune a son analogue aussi prononcé
» dans les tracés de Valence ou de Tain; qu'on ne s'en préoccuperait pas spéciale-
» ment si elles n'étaient accumulées sur un petit espace (33 kilomètres); qu'elles ne
» constituent pas le moindre défaut, abstraction faite de la dépense qui se trouve
» plus que compensée par le tracé de Saint-Rambert, et comparativement aux tra-
» cés de Valence et Tain, pour une longueur de plus de 53 kilomètres en terrain,
» exceptionnellement facile, et pour la moindre longueur de l'embranchement;
» qu'enfin les chiffres portés pour les dépenses totales de construction, permettent
» de rayer cette objection, puisqu'une fois les travaux payés il ne restera rien de
» ces difficultés. »

Ce langage est habile, mais on en conviendra, ne répond pas d'une manière satisfaisante aux objections consignées dans le rapport de M. l'Ingénieur en chef de la Drôme que nous voudrions pouvoir placer sous les yeux de tous, parce qu'il nous a paru tout à fait concluant.

Dans le cours de la discussion, nous croyons avoir, pour notre part, fait entrevoir sur quels points se rencontreraient les *graves difficultés* d'exécution; nous allons spécialement les énumérer, puisque M. l'ingénieur en chef paraît avoir oublié celles dont il a parlé lui-même, ou ne pas avoir aperçu celles les plus saillantes.

1° Les trois tunnels dans le poudingue dont on ne saurait apprécier la dureté, dans l'intérieur des massifs;

2° Les déblais extraits des tunnels qui débouchent immédiatement sur des viaducs, sans possibilité de les utiliser en remblais, et sans aucun développement pour s'en débarrasser: comme vers la Morge auprès de Voiron, vers la Fure, etc. ; parce qu'on ne saurait embarrasser ces cours d'eau.

3° Les grandes tranchées dans le calcaire sur plus de 4000 mètres de longueur, lorsque viendra le moment de doubler la voie; ce qui arrêterait totalement la circulation, pendant tout le temps des travaux; à moins qu'on ne double immédiatement la voie sur ces points, ce qui ne laisserait pas d'augmenter sensiblement la dépense première de construction de l'embranchement;

4° Le viaduc à construire en face de la poste de Voreppe, entre des grandes tranchées qui ont un développement de plus de 900 mètres et un tunnel de 1040 mètres de longueur, au milieu de rochers abruptes, sans aucun chemin pour y parvenir; sans possibilité d'en créer pour amener des matériaux; sans aucun développement pour déposer ceux-ci, pour les tailler, pour éteindre la chaux, pour faire des approvisionnements de sable; sans la moindre apparence d'eau; et tout cela lorsqu'on se trouve « à plus de 100 mètres en contre-haut de la plaine » sur le bord d'un rocher à pic.

Pour construire ce viaduc on serait donc obligé d'attendre le creusement total du tunnel de Voreppe, ou l'exécution complète de la grande tranchée qui s'étend jusqu'à la Buisse; encore l'encombrement serait-il impossible à éviter;

5° Nous avons déjà vu d'ailleurs que M. l'Ingénieur en chef avait considérablement augmenté le prix du mètre cube de maçonnerie en pierre de taille, pour la construction des grands viaducs de Voiron et de la Fure, *à cause des difficultés du transport des matériaux et du manque de développement pour les chantiers.* Mais nous devons faire remarquer que presque tous les travaux d'art à construire sur les différents points de cette ligne, se trouvent, à peu de chose près, dans les mêmes circonstances. On peut, à la vérité, surmonter tous ces obstacles, toutes ces difficultés, mais en y dépensant quelles sommes! Voilà la grande question; et les difficultés de dépenses excessives ne seraient-elles pas très-graves, ne constitueraient-elles pas *un défaut réel?*

Nous nous permettrons maintenant de demander à M. l'Ingénieur en chef de l'Isère sur quels points des tracés de la vallée se rencontrent des *analogues aussi prononcés* de difficultés à vaincre, ainsi qu'il l'a annoncé? Vainement, nous le croyons, les chercherait-on dans sa description qui ne saurait en avoir sous-entendu. Quelques doutes nous restent seulement quant aux bords de l'Isère, auprès de Châteauneuf, où pourtant ces difficultés ne sont pas signalées; nous ferons bientôt connaître pourquoi nous pourrions passer condamnation sur ce point.

Infériorité au point de vue de l'art.

Il importe plus que ne cherche à le donner à penser M. l'Ingénieur en chef, que les frais d'exploitation soient réduits autant que possible ; car on ne saurait oublier que l'Etat qui doit rester propriétaire à la fin de la concession, devra les supporter alors ; et si ces frais sont très-réduits, la durée de la concession sera nécessairement moindre. Quelles que soient les prévisions de M. l'Ingénieur en chef sous ce rapport, la question ne serait certainement pas douteuse, si les compagnies qu'on peut bien considérer comme aussi très-intéressées dans la question, étaient appelées à la trancher.

Nous sommes du reste fort étonnés que M. l'Ingénieur en chef ait oublié de rappeler dans cette circonstance, qu'interpellé directement et spécialement, par M. le Ministre des travaux publics , au moment de la réunion de Valence sur *le tracé qui était préférable sous le point de vue des travaux d'art*, il avait répondu sans balancer que c'était *celui par la vallée*.

Mais nous sommes bien plus surpris encore qu'il rappelle que le conseil général des ponts et chaussées *avait donné la préférence au tracé de St-Rambert sur ceux de Valence et de Tain*, reconnus par le même conseil général comme *si peu complets*, *qu'il lui était impossible de les apprécier dans leur état d'imperfection*. Cela nous oblige à faire remarquer à M. l'Ingénieur en chef, que même aujourd'hui, le tracé par la vallée n'a pas été étudié *complétement*, et que nous sommes prêts, avec les plans et les profils en long, déposés à l'enquête, de *prouver la possibilité de réduire à 5 millimètres 5 la pente du tracé entre Saint-Marcellin et le plateau de la Beaudière, au moyen de la modification à la variante n° 4, que nous avons réclamée plus haut, et de travaux fort admissibles*.

Cette circonstance, jointe aux modifications importantes si facilement amenées par la variante n° 2, qui rapproche le tracé par la vallée, de l'Albenc, de l'Allégrerie et de Vinay, donne l'idée de toutes les améliorations dont est susceptible ce tracé. M. l'Ingénieur en chef, absorbé par les soins à donner aux immenses travaux qu'il dirigeait, ne pouvait raisonnablement s'occuper de détails, nous le savons ; mais il n'était pas tout à fait en position de dire qu'il avait fait tous les efforts imaginables pour *améliorer autant que possible les tracés par la vallée*. Il a promis qu'à la suite de l'enquête, il ferait vérifier les renseignements qu'elle fournirait ; nous avons donc l'espérance que notre appel sera entendu.

Du reste, le rapport de l'honorable M. Béranger (de la Drôme) à la chambre des pairs, et les explications qu'il a données verbalement à Valence, devant M. le Ministre et en présence de M. l'Ingénieur en chef lui-même ; enfin la lettre récente de l'honorable M. Mounier de la Sizeranne, député de la Drôme, lettre insérée dans le *Courrier* de ce département, font suffisamment connaître le peu d'influence que doit avoir sur les esprits cette *préférence prématurée du conseil général des ponts et chaussées*.

Défaut de sécurité.

Si les tracés de Vienne et de Saint-Rambert comportent *un défaut réel et sans remède possible*, c'est bien celui de leur *manque de sécurité pour les convois de voyageurs*, non-seulement à cause de leurs longues pentes continues à 8 millimètres et à 7 millimètres, mais encore à cause des courbes qu'on rencontre le long de ces mêmes pentes et de leur faible rayon qui favorise tant les déraillements.

Les courbes saillantes ou convexes creusées en tranchées profondes dans le rocher et dont M. l'Ingénieur en chef cherche à atténuer le mauvais effet sur le moral des voyageurs, ne sauraient cependant éviter d'abord, le grave inconvénient d'être placées au-dessus de précipices de plus de 100 mètres d'élévation, précipices dont on ne serait séparé que par un simple mur de parapet, incapable d'empêcher le vertige à quiconque voudrait aventurer son regard vers ces profondeurs. En second lieu, celui d'être dominé par des rochers d'abord verticaux, ensuite très-inclinés.

Concédant qu'on prendrait toutes les précautions que commande la prudence, nous voulons bien convenir que le déraillement des wagons ne saurait avoir lieu le long de ces courbes, sinon par des causes accidentelles, comme le brisement d'une roue, d'un essieu, ou d'un obstacle placé sur la voie ferrée. Dans tous ces cas la force d'impulsion sera bien peu modifiée par le sillonnement des roues dans le balast, duquel les premiers wagons sortiraient bientôt, entraînés par la projection en ligne droite de la locomotive déraillée ; tandis que les derniers restés sur les rails conserveraient encore pendant un certain temps leur mouvement circulaire, un peu retenus qu'ils seraient par la forme des roues elles-mêmes. De là différentes directions parmi ces wagons qui avancent avec des forces inégales dans les couloirs ; si le parapet résiste et que la locomotive ne soit pas immédiatement brisée, elle ne tardera pas à l'être, projetée qu'elle sera contre les rochers opposés, puis de nouveau contre les parapets, et sa vitesse ayant diminué en plus grande proportion que celle des wagons qui la suivent, il est évident qu'il y aura bientôt bouleversement et encombrement complet ; le couloir ne pouvant plus contenir les wagons entassés, ils seront donc portés vers le précipice, par-dessus le parapet. Nous espérons avoir pu faire comprendre toute la gravité d'un pareil événement, qui renouvellerait le malheur du chemin de fer de Versailles.

Eh bien, maintenant ! que l'exploitation des bois ou des terres cultivées, situés en contre-haut ; qu'une chèvre broutant dans la montagne, ou bien une circonstance quelconque de mauvaise intention, de dégel ou d'orage, détache au moment du passage d'un convoi, un bloc de rocher suffisant pour encombrer la voie ; n'est-il pas évident que le déraillement devient imminent et que les plus grands malheurs sont inévitables, malgré toute prudence humaine. M. l'Ingénieur en chef n'oserait jamais affirmer que ces accidents n'arriveront jamais, lorsque l'inspection seule des montagnes, dans les parties où le chemin de fer serait en tranchée, prouve suffisamment qu'ils sont annuels et communs ; et si jamais ce tracé était exécuté, la responsabilité qu'il assume sur lui le laisserait certainement peu tranquille.

Les amoncellements de neiges, formés en quelques minutes lorsqu'elles sont poussées par un vent impétueux, donnent lieu à une autre objection non moins sérieuse et qu'on doit remercier son auteur d'avoir soulevée. Les longs couloirs formés par les grandes tranchées, avec les parapets, seront éminemment favorables à ces amoncellements, qui n'auront pas lieu seulement contre la montagne, mais aussi au centre même des plaines élevées de Bièvre et de la Côte-Saint-André. Il est en effet de notoriété publique que dans cette plaine, la circulation est chaque année plus ou moins longtemps interceptée, sur les routes ou chemins *encaissés, en plaine,* et même *sur ceux construits en chaussées.*

Les avalanches peu considérables à la vérité, puisqu'elles ne sauraient venir de fort loin, doivent nécessairement avoir lieu, par cela même que les rochers supérieurs sont, pour la plupart, verticaux ou très-inclinés ; les grandes tranchées enlevant aux neiges la base qui les soutenait, contribueront à augmenter ce nouvel inconvénient, non-seulement par les quantités de neiges amoncelées, mais encore par les débris de rochers qu'elles entraînent (1). Nous conviendrons volontiers que l'exposition méridionale de ces montagnes amène plus facilement qu'ailleurs la fonte des neiges, mais non pas quand le soleil se trouve sans force ou masqué par des nuages ; et ces moments pendant lesquels l'homme manque en quelque sorte d'énergie, sont assez nombreux pour qu'on ait à ne pas oublier qu'il faudrait aller chercher des secours au loin et les amener par deux ou trois points obligés, sur la voie ferrée.

Dans la vallée, au contraire, les amoncellements des neiges sont fort rares, principalement le long de la rive droite, où le tracé se trouverait constamment *dans une bonne exposition* (du S.-E. au S.-O.). Y en eût-il exceptionnellement, les populations sont là disséminées comme avec intention, pour parer en quelques minutes à cet inconvénient ; et nous n'avons pas besoin de dire que les avalanches y sont impossibles. Du reste, la neige tombée dans les plaines de la vallée, jusques au Périer, n'est jamais aussi épaisse que sur les montagnes ; au delà du Périer on n'en voit presque jamais. C'est un avantage qu'on ne saurait accorder au tracé de Saint-Rambert, qui se trouve en partie de 200 mètres plus élevé et qui, quoique ouvert dans les plaines, est rapproché des versants nord de la forêt de Chambaran, de même qu'il est placé sur des terrains compris sous la désignation de *terres froides*. Qu'à tous ces motifs on joigne ceux que nous avons fait connaître en traitant la question militaire, et l'on sera convaincu que les prétendues lumières qu'apporte dans cette discussion M. l'Ingénieur en chef, pourraient seules donner une fausse idée de l'état des choses.

RÉSUMÉ.

Les bornes que nous devons assigner à nos observations, déjà peut-être trop longues, ne nous permettent pas de faire connaître, avec quelques détails, cette partie du travail de M. l'Ingénieur en chef de l'Isère et nous renvoyons ceux qui voudraient pouvoir l'apprécier par eux-mêmes, à son rapport imprimé avec son autorisation, par les soins de M. le Maire de Grenoble.

Nous nous contenterons en conséquence d'annoncer que :

« 1º Sous le rapport des pentes et des courbes, il regarde les tracés de Valence et de Tain, comme supérieurs aux tracés de Vienne et de Saint-Rambert ;

---

(1) L'inspection des flancs de ces montagnes sur les points précisément que doit occuper le tracé de St-Rambert, suffira pour démontrer la vérité de cette observation.

» 2° Sous le rapport des moindres durées de parcours, des facilités que chacun
» créerait à la circulation prise en *masse* et des moindres dépenses ; il les classe ainsi :
» Vienne, Saint-Rambert, Tain, Valence ;

» 3° Sous le rapport de la dépense de premier établissement, il admet le classement
» suivant : Saint-Rambert — Tain — Valence — Vienne ;

» 4° Sous le rapport des bénéfices nets et absolus, il a été conduit au classement
» suivant : Saint-Rambert — Vienne — Tain — Valence ;

» 5° Classement sous le rapport des bénéfices, eu égard à la dépense de premier
» établissement : Saint-Rambert — Vienne — Tain — Valence ;

» 6° Quant aux moindres pertes pour la compagnie concessionnaire, les tracés se
» présentent ainsi : Saint-Rambert — Tain — Valence — Vienne ;

» 7° Enfin, eu égard aux intérêts généraux des Hautes-Alpes, de l'Isère et de
» Grenoble spécialement, M. l'Ingénieur en chef admet le classement suivant : Vienne
« — Saint-Rambert — Tain — Valence. Une grande différence existant d'ailleurs sous
» ce rapport entre Saint-Rambert et Tain.

» Et comme les considérations qui ont motivé ce classement sont les plus impor-
» tantes, il propose *Vienne*.

» *Subsidiairement*, en cas d'impossibilité financière, Saint-Rambert. »

Il n'est plus question de la part de M. l'Ingénieur en chef, de classer ensuite Tain,
puis Valence ; il termine son travail, en signalant à l'administration supérieure le
zèle remarquable qu'ont déployé pour le seconder, MM. les ingénieurs et conducteurs
sous ses ordres.

Nous n'avons pas besoin de dire que nos études du rapport de M. l'Ingénieur en
chef de l'Isère, avec la connaissance approfondie des lieux, des habitudes et des besoins des populations ; après nous être entourés des renseignements les plus positifs
sur les prix de chaque nature de travaux et avoir sondé toutes les difficultés d'exécution, nous amènent à un classement tout à fait opposé aux siens. Mais avant de le sou-
mettre, nous avons à nous prononcer sur le point de soudure, en émettant une opinion nouvelle, que nous croyons mériter quelque attention.

Question du point de soudure.

On ne saurait ignorer que de graves dissentiments ont existé entre Valence et Romans, à propos de ce point de soudure, que la première de ces villes désirait amener
directement dans son centre ; lorsque la dernière, par des craintes et des intérêts que
nous respectons, le réclamait à Tain.

Cette rivalité fâcheuse nous a amenés à rechercher les moyens de satisfaire ces deux
villes, en leur offrant particulièrement toutes les garanties désirables, sans perdre
toutefois de vue les intérêts généraux. Voici ce que nous avons trouvé :

Les tracés de Tain et de Valence, au lieu de se bifurquer un peu au delà de Romans,
continueraient en commun à se diriger presque *perpendiculairement* sur la grande ligne

de Lyon à Avignon, jusques à la naissance d'une combe ou ravin, que la carte de Cassini, déposée à l'enquête, indique en face de l'extrémité aval de l'île de Saint-Georges, et qui s'enfonce d'environ 2000 mètres dans les terres, s'élargissant et s'arrondissant vers ses extrémités, à mesure qu'elle se rapproche du Rhône. C'est à la naissance de cette combe que commencerait seulement la bifurcation qui permettrait aux convois de se diriger sur Valence comme sur Tain, sans aucune station vers le point de soudure.

Les convois arrivant de Grenoble, traînés par une seule locomotive, augmentés de tous les voyageurs intermédiaires et de ceux nombreux de Romans, formeraient, à partir de cette dernière ville, deux convois distincts, qui prendraient immédiatement : l'un la direction du nord, l'autre celle du midi.

Les considérations suivantes militeraient en faveur de l'adoption de ce projet.

1° La longueur de l'embranchement réduite de 1000 mètres (1), entre le point de soudure et Romans, et de 2500 mètres obtenus par la variante n° 4, ne serait plus, pour toute la longueur du tracé, que de 92,475 mètres 75 centimètres ; c'est-à-dire moindre d'environ 1440 mètres que celui de Saint-Rambert, qui étant primitivement de 90,299 mètres, doit être augmenté de 2500 mètres pour son rapprochement de la Côte-Saint-André, et de 1118 mètres 40 centim. pour la variante auprès de la Fure, c'est-à-dire porté à 93,917 mètres 45 centimètres. D'où une diminution également notable sous les rapports de frais de premier établissement, d'exploitation et de temps de durée des voyages ;

2° Le tracé aurait lieu sur un terrain encore peut-être plus favorable que tous ceux rencontrés sur les plaines de Saint-Marcellin et de Saint-Paul, *qui le sont déjà davantage que ceux si vantés des plaines de Bièvre, de la Côte et de la Valloire.* Aucun cours d'eau ne se rencontre, dans cette partie de ce tracé perpendiculaire ;

3° Tous les travaux de terrassement, tunnels, passages de routes, courbes, etc., nécessités par les tracés de Valence et de Tain, depuis la bifurcation jusqu'aux points de soudure, sont résumés dans l'exécution d'une seule ligne droite à pente uniforme, moindre de 3 millimètres ;

4° Les alignements droits seraient augmentés dans une grande proportion et la longueur des courbes diminuée ;

5° Aucun débarcadère ne serait nécessaire au point de soudure, et les convois se dirigeant sur le midi, utiliseraient, sans le moindre inconvénient, le viaduc à construire sur l'Isère, pour le passage de la grande ligne de Lyon à Avignon ;

6° Toute concurrence de la part des voitures deviendrait impossible sur les lignes de Romans à Valence ou à Tain ; les distances pouvant être franchies d'un côté en 30 minutes, de l'autre en 25 ; puis les départs très fréquents et les prix fort réduits ; avantage que ne peuvent produire ni le tracé direct sur Valence, ni celui direct sur Tain ;

____

(1) On n'a tenu aucun compte des courbes au point de soudure comme pour les tracés de Tain et de St-Rambert.

7º Les villes de Valence et Tain auraient ainsi réellement chacune, le débarcadère de l'embranchement ; les intérêts de la première de ces villes et ceux de Romans seraient garantis et satisfaits. D'où des avantages notables pour ces deux villes importantes, en particulier ; pour Grenoble et la vallée en général ; pour les intérêts de la compagnie concessionnaire et par conséquent pour ceux de l'Etat. D'où encore la certitude que l'avenir du nord du département ne serait point sacrifié.

On pourra objecter que cette ligne nouvelle n'a point été étudiée ; mais heureusement il suffit de jeter un coup d'œil sur la carte pour acquérir immédiatement la certitude qu'il ne saurait se rencontrer, dans la direction que nous proposons, la moindre difficulté, la moindre impossibilité. Nous nous sommes d'ailleurs assurés que c'était une *véritable plaine rase*.

Si par comparaison on voulait appliquer le même système au point de soudure de Saint-Rambert, on trouve qu'il y serait inadmissible. Il ne se rencontre en effet sur le tracé de cet embranchement, aucune agglomération importante, qui, placée comme Romans, à peu de distance de deux grandes stations de la ligne de Lyon à Avignon, permette de dédoubler le convoi arrivant de Grenoble ; Vienne et Tain, qui sont des stations de premier ordre, sont beaucoup trop éloignés. Il faudrait donc créer à St-Rambert un grand débarcadère, où les convois de l'embranchement seraient obligés d'attendre le passage de ceux de la grande ligne, pour être entraînés par eux vers le nord, comme vers le midi ; car on ne supposera jamais que par le tracé de Saint-Rambert, il puisse y avoir des transports directs sur Vienne, encore moins sur Valence ; ni par Vienne des communications avec le midi.

Nous pouvons déclarer maintenant que ces pensées soumises aux autorités administratives de Valence et de Romans, non-seulement n'ont pas été repoussées, mais qu'au contraire elles ont été adoptées avec entraînement, sous la réserve seule de les examiner avec maturité. Nous ignorons maintenant si cet examen n'aura amené chez elles aucun changement d'opinion.

Nous nous sommes également assurés que les compagnies qui veulent se présenter à la concession regarderont toujours comme éminemment favorable tout tracé perpendiculaire sur la grande ligne qui ne les obligerait pas à la construction d'un débarcadère au point de soudure, et que le tracé par la vallée de l'Isère ainsi modifié serait accepté par elles avec empressement.

Résumant à notre tour nos observations et plaçant de nouveau sous nos yeux les questions posées par M. le Ministre des travaux publics, nous trouvons :

Première question.

1º *Pentes et rampes.* Par la vallée, toutes au-dessous de 5 millimètres, une seule exceptée, uniforme, arrivant à 5 millimètres 5 sur environ 15 kilomètres.

La moyenne des pentes et rampes du tracé de St-Rambert, est de 5 millimètres 6, sur une longueur d'environ 65 kilomètres ; il présente en outre une pente continue à 7 millimètres, sur une longueur de près de 22 kilomètres, sans aucun palier.

Le tracé de Vienne présente les mêmes pentes et rampes que celui de Saint-Rambert, et de plus une pente à 8 millimètres sur plus de 9 kilomètres.

Sous ce rapport le tracé par la vallée présente donc d'énormes avantages.

2° *Courbes et alignements droits*. Il n'existe sur les tracés par la vallée aucune courbe ayant moins de 775 mètres de rayon, encore sont-elles fort rares. Les alignements droits, par l'adoption des variantes du tracé *perpendiculaire et n° 4*, atteindraient le chiffre d'environ.. 75,000 ᵐ.

Et les courbes développées.. 17,500

D'où la longueur de l'embranchement serait réduite à.............. 92,500

Le tracé de St-Rambert présente 3 ou 4 courbes au rayon minimum de 500 mètres et beaucoup d'autres de moins de 800 mètres.

Les variantes auprès de la Fure et pour le passage du tracé contre la Côte-Saint-André, réduisent ses alignements droits à environ................... 54,000 ᵐ.

Et ses courbes développées atteignent, par suite de l'adoption de ces mêmes variantes, le chiffre d'environ.. 40,000

D'où la longueur de cet embranchement serait de................. 94,000

Le tracé de Vienne présente aussi 4 ou 5 courbes (1) au rayon minimum de 500 mètres. La variante de la Fure porterait la longueur développée de toutes ces courbes au chiffre d'environ.. 55,000 ᵐ.

Et les alignements droits ne seraient plus que d'environ............ 50,500

Ce qui donne pour cet embranchement une longueur totale de...... 105,500 ᵐ.

Le tracé par la vallée est donc plus court que celui de St-Rambert, de 1500 mètres et de 13,000 mètres que celui de Vienne.

3° Sous le rapport *des difficultés de terrain*, la description des tracés et des terrains qu'ils traversent respectivement, ne laissent aucun doute sur les avantages du tracé par la vallée.

4° *Terrassements*. Le tracé par la vallée sera établi en plaine ou sur des plateaux, parfaitement uniformes, sur une longueur de plus de 75 kilomètres ; les autres tracés ne présentent cette disposition que sur une longueur d'environ 55 kilomètres, et dans ceux-ci les terrassements sont proportionnellement plus considérables, lorsque d'ailleurs il n'y a pas de comparaison possible à établir entre les terrassements, sur le surplus des tracés respectifs, et la vallée est toujours plus favorisée.

---

(1) Nous n'avions parmi les pièces déposées à la sous-préfecture de Saint-Marcellin aucun élément qui pût nous faire connaître le nombre exact de ces courbes, et le rapport semble avoir pris à tâche de ne jamais les désigner spécialement pour les tracés de Vienne et de St-Rambert. Le tracé de Valence en nécessitait une de 500 mètres, et le rapport dit fort bien que c'est à l'entrée de Valence.

5º *Travaux d'art.* Ce serait vraiment faire injure au bon sens, que d'établir le moindre doute sur les avantages de la vallée sous ce rapport. M. l'Ingénieur en chef a d'ailleurs avoué sa prééminence, devant M. le Ministre, et ce tracé s'est considérablement amélioré depuis cette époque.

6º *Dépenses.* La main d'œuvre sera d'autant moins chère, que les travaux d'art à construire seront plus disséminés, moins nombreux et les terrassements moins considérables; que les villes et villages seront plus rapprochés du tracé. On a vu quelles sommes énormes on pouvait économiser dans la vallée, sur les travaux d'art, sur les voies et moyens, sur le balast. Nous croyons donc, *dans notre conviction profonde,* que toutes les dépenses pour ce tracé ne sauraient dépasser le chiffre de 23 millions.

Par toutes les considérations que nous avons développées, ce même chiffre devrait arriver pour le tracé de Saint-Rambert, eu égard à l'alongement causé par les variantes de la Fure et de la Côte-Saint-André; eu égard aussi à la plus grande cherté de la main d'œuvre, produite par la perte de temps pour se rendre sur les chantiers et rentrer dans les villages; enfin par les besoins d'un plus grand nombre de tailleurs de pierre, maçons, mineurs et charpentiers, à 30 millions 500 mille francs; et pour celui de Vienne, à 39 millions.

D'où, pour le tracé de la vallée, un avantage sur celui de Saint-Rambert, de .... 7 millions.

Et sur celui de Vienne, de.................................... 16 millions.

7º *Produits.* Les produits *présumés* du tracé de Saint-Rambert et ceux qu'on accorde au tracé de Vienne, l'emporteraient d'environ un quart sur ceux de la vallée; mais les statistiques ont fait, d'après l'aveu même de M. l'Ingénieur en chef, des *emprunts par trop forcés,* sur les arrondissements de la Tour-du-Pin et de Saint-Marcellin, de même que sur toutes les routes, et sont bien éloignées d'avoir tenu assez compte à la vallée du nombre considérable de ses *voyageurs intermédiaires,* de ses *ressources* et de ses *besoins* tous *actuels.* On a vu, par exemple, que le chiffre des pèlerins de l'Osier, arrivait à 50,000, voyageant à pied ou en charrette; le midi en fournit les deux tiers, et pourtant on ne compte à ce tracé que 7,500 voyageurs à pied, parcourant la ligne totale. De semblables erreurs seront certainement rectifiées.

Nous ne donnons aucuns chiffres de produits; nous n'avons ni le temps ni la possibilité de contrôler les chiffres présentés par M. l'Ingénieur en chef. Du reste, les produits seront d'autant plus forts, qu'on aura moins dépensé en capital d'exécution, et nous venons de voir l'immense avantage que présente, sous ce rapport, le tracé par la vallée.

Deuxième question.

1º *Avantages pour l'État.* Concession moins longue — frais d'exploitation moins considérables, quand il sera devenu propriétaire. — Justice rendue à des droits acquis, à des populations industrielles. Tout doit déterminer M. le Ministre à se prononcer en faveur de la vallée.

2º *Facilité et sûreté des communications avec Grenoble et les places fortes des Alpes.* Pour la défense du territoire, pour la sécurité du tracé lui-même, le tracé de la vallée offre seul des garanties ; seul il favorise les mouvements de troupes, en même temps avec le nord et avec le midi, ainsi que le transport du matériel ; seul il présente une sécurité complète aux voyageurs.

On ne saurait qu'être épouvanté, au contraire, des malheurs que peuvent causer les fortes pentes continues, entremêlées de courbes saillantes à faible rayon, dominant des précipices et dominées par des rochers, rencontrées sur les tracés de Vienne et de Saint-Rambert, sans aucune garantie naturelle contre les accidents. La hardiesse qui a amené leur proposition ne saurait être taxée que d'imprudence, et l'adoption de l'un de ces tracés ferait presque penser que l'existence des hommes n'est aujourd'hui d'aucune considération ; lorsqu'il y a peu d'années, elle seule a fait reporter dans la plaine la route de la Buisse qui longeait les rochers des Balmes.

Troisième question.

1° *Utilité pour les populations.* Le pays le plus industriel, le plus riche en produits agricoles ; celui où les propriétés sont le plus divisées ; où les villes et les villages sont situés le plus près du tracé ; où les établissements industriels sont les plus nombreux : est bien certainement celui qui met le plus en mouvement les populations et où par conséquent un chemin de fer est surtout utile. La vallée de l'Isère, de Grenoble au Rhône, a sous ce rapport une importance colossale.

De Voiron au Rhône, les tracés de Vienne et de Saint-Rambert ne traversent que des pays qui appartiennent à la grande culture et ne produisent exclusivement que du blé.

La preuve qu'on y ressent très-peu le besoin des voyages et des relations, c'est qu'il n'existe dans la direction de Grenoble à Saint-Rambert *pas une seule voiture publique.*

2° *Transport des voyageurs — des marchandises.* Le tracé par la vallée aura exclusivement tous les voyageurs directs de la Savoie et de l'Isère, sur le Midi et sur l'Ardèche ; puis ceux directs des Hautes-Alpes et de la vallée, sur Lyon et Vienne. Il en sera de même des marchandises. Il aura aussi un nombre immense de voyageurs intermédiaires.

Le tracé de Saint-Rambert n'aurait que les transports directs de voyageurs et de marchandises des Hautes-Alpes, de Grenoble et d'une très-faible partie de la vallée, sur Vienne et Lyon ; peut-être aussi ceux directs de la Savoie et de Grenoble sur le midi ; mais la concurrence des routes de la vallée et de l'Isère pourrait fort bien parvenir à lui enlever ces derniers. De Moirans au Rhône, pas un seul voyageur n'empruntera le tracé de Saint-Rambert pour se diriger sur le midi. De l'Albenc au Rhône, il n'en aura non plus un seul pour le nord.

Le tracé de Vienne n'attirera que les voyageurs directs des Hautes-Alpes, et de Grenoble jusqu'à Tullins pour Lyon et pas un seul d'entre eux pour le midi. Il en sera ainsi des marchandises. Sur tous les deux, depuis Voiron jusqu'au Rhône, il n'y aura presque pas de voyageurs intermédiaires.

3° *Utilité pour les relations commerciales en général.* Le tracé par la vallée conserverait aux pays qu'il est appelé à desservir le transit des marchandises pour la Savoie; ce qui est *beaucoup* pour eux. Il placerait Romans à 3 heures de Lyon et les usines et fabriques de la vallée verraient leurs relations avec cette dernière ville, comme celles avec le midi, considérablement augmentées. Grenoble serait également très-favorisé pour ses relations avec l'Ardèche et tout le midi; et celles avec le nord le seraient également, quoique dans une moins forte proportion; quant aux autres tracés, ils reporteraient sur Lyon, pour laquelle il ne serait que *fort peu de chose*, le transit pour la Savoie; le tracé de Vienne ne serait réellement utile qu'aux points extrêmes et pour les transports directs sur Vienne et Lyon. Celui de Saint-Rambert ne saurait être sérieusement utile à aucun.

4° *Populations agglomérées traversées.* La vallée compte 32,000 âmes agglomérées dans les villes ou villages, traversés à une distance moyenne de moins de 300 mètres.

Les tracés de Vienne et de Saint-Rambert ne touchent de près qu'à la Côte-Saint-André et à 3 ou 4 petits villages, situés à une distance moyenne de plus de 600 mètres et ne composant pas ensemble une population de plus de 8 à 10,000 âmes.

5° *Usines et fabriques.* Il se trouve dans la vallée 62 usines, fabriques ou filatures, parmi lesquelles la fonderie royale de canons de Saint-Gervais et une fabrique à sucre; puis 33 établissements industriels de toutes natures, et des moteurs naturels pour tripler ces nombres.

Il n'existe le long des tracés de Vienne et de Saint-Rambert ni fabriques, ni usines, ni établissements industriels de la moindre importance, ni cours d'eau qu'on puisse espérer d'utiliser. On ne saurait leur compter ceux en activité sur la Morge et sur la Fure, qui sont également desservis par le tracé de la vallée.

6° *Rapidité dans le transport.* Les courbes à grand rayon, les alignements droits et les pentes uniformes, favorisant surtout la grande rapidité sur les voies ferrées, aucun des tracés concurrents ne saurait, sous ce rapport, présenter les avantages du tracé de la vallée. Les chiffres que nous avons fournis parlent bien haut en faveur de ce dernier. Avec la voie large, sur un pareil tracé, on serait transporté de Grenoble à Lyon en moins de 4 heures. L'exploitation des concurrents coûterait des sommes considérables pour obtenir cette rapidité, et il faudrait de plus oublier toute prudence.

Quatrième question.

1° *Avenir de l'embranchement.* Tout garantit qu'il sera prospère dans la vallée, parce qu'il y aura une *puissance fécondante remarquable*, et qu'il continuera le réseau des chemins du midi.

Le tracé de Vienne ne saurait présenter des chances égales, puisqu'il ne sera avantageux qu'aux transports directs sur le nord.

Celui de Saint-Rambert aura surtout une *très-grande puissance de stérilité*. Il ne se dirige nulle part, il ne satisfait aucun intérêt, il n'a d'autre perspective que celle d'être abandonné si le percement des Alpes commande impérieusement le tracé le plus direct sur Lyon; et si Genève et Chambéry voulant se relier à Grenoble, au midi et à l'ouest de la France, viennent aider à la vallée à ouvrir l'embranchement qui lui est indispensable pour ses relations de tous les instants et avec tous les pays.

2° *Relations internationales*. Seul, l'embranchement par la vallée peut faire espérer de les voir un jour satisfaites; il suffit de placer la carte des pays sous ses yeux. La Savoie ne saurait recevoir par Vienne ni Saint-Rambert les marchandises qui lui viennent du midi. La Suisse se trouve dans le même cas; ce n'est que par l'embranchement direct sur Lyon, par Bourgoin, qu'on pourra conserver à cette dernière ville ses droits acquis, et communiquer avec Turin, par Grenoble.

Nous pouvons, en attendant, nous mettre en relations avec le monde entier par l'embranchement de la vallée, avec Alger surtout et tous les pays situés sur les bords de la Méditerranée; avec l'Espagne par Montpellier, Cette ou Toulouse.

Le tracé de Vienne n'offre qu'une petite portion de ces avantages dans l'avenir : Saint-Rambert nuit à tout, tue tout, dans le présent comme dans l'avenir.

En terminant ce résumé, nous ferons remarquer que nous n'avons eu sous les yeux qu'un *tableau résumé du mouvement des voyageurs et des marchandises*, pour les différents tracés. Il nous était donc impossible de contrôler les détails. Si nous en croyons cependant ce qui nous a été rapporté, on aurait compté aux tracés de Vienne et de Saint-Rambert une quantité notable de tonnes pour transports d'œufs, de poulets, de beurre et autres approvisionnements; de pierres, de chaux, de sable, etc., lorsque pour les transports par la vallée, on n'aurait tenu aucun compte ni des 50 mille pèlerins arrivant à Notre-Dame-de-l'Osier, pour la plus grande part de la Drôme; ni du roulage particulier établi entre Grenoble et l'arrondissement de Saint-Marcellin; ni du transport des tufs provenant des carrières de la Sône et de Coupinière, qui en exploitent 2000 mètres cubes par an; ni de celui des dalles et mollasses des Fauries, des pierres de taille de Crussol, qui arrivent jusqu'à St-Marcellin, etc.

D'un autre côté, M. l'Ingénieur en chef n'admet qu'*un simple doublement* pour le tracé de la vallée, des voyageurs intermédiaires qui y seraient si nombreux; lorsqu'il admet *le même doublement* de voyageurs intermédiaires pour les tracés concurrents, où les besoins de l'agriculture les rendent si rares. Nous ne sommes point étonnés qu'avec de pareilles suppositions il soit ainsi arrivé aux résultats qu'il présente. Que d'utiles renseignements n'eût pas fourni un examen contradictoire de toutes ces questions; mais nous n'avions à notre disposition ni un monde d'employés, ni le temps nécessaire, et nous sommes d'autant plus excusables sous ce rapport, que nous avons vu reculer devant l'examen complet de toutes les questions soumises à l'enquête, des personnes habituées à les traiter.

CONCLUSION.

Par toutes les considérations que nous venons de développer, nous nous prononçons *pour le tracé de la vallée le plus perpendiculaire possible sur la ligne de Lyon à Avignon, avec bifurcation qui permettrait de se diriger sur Valence comme sur Tain, sans débarcadère au point de soudure.*

Et dans le cas où, par des raisons puissantes que nous ne saurions prévoir, M. le Ministre des travaux publics croirait devoir exclure les tracés par la vallée, nous réclamons avec instance l'adoption du *tracé sur Vienne, qui seul n'amènerait pas une trop grande perturbation dans les grands intérêts de la vallée, et seul ne serait pas une barrière insurmontable à son avenir.* Si les fortes pentes, le défaut de sécurité et les travaux gigantesques que présente le tracé de Saint-Rambert n'étaient pas considérés comme un obstacle à son adoption, nous ne voyons pas, en effet, pourquoi une économie de quelques millions à la charge des compagnies, pourrait faire repousser celui de Vienne qui se trouve sensiblement dans les mêmes conditions.

Quelque réduit qu'ait été le temps accordé à l'enquête, par le dépôt tardif de plusieurs parties du rapport de M. l'Ingénieur en chef de l'Isère, nous sommes parvenus à remplir une tâche bien rude, sans mesurer nos forces, entraînés par notre seul désir de nous rendre utiles. Soutenus par l'encouragement des personnes honorables qui ont bien voulu nous charger de cette mission, nous avons cherché à être les échos de leurs pensées, les interprètes des vœux et des besoins du pays. Nous l'avons fait en toute conscience; y serons-nous parvenus d'une manière convenable, mais surtout capable de faire partager nos convictions? C'est ce que nous apprendra, en définitive, la décision de M. le Ministre des travaux publics.

Saint-Marcellin, le 14 novembre 1845.

Les Délégués des villes et villages de la vallée de l'Isère, dans l'étendue de l'arrondissement de Saint-Marcellin :

BRUN, *ex-notaire, propriétaire;* — MARCHAND, *ancien notaire, membre du conseil d'arrondissement;* — Lˢ MALOSSANE, *négociant;* — Rémi REPELLIN, *percepteur;* — Auguste DE BÉZIEUX, *maire de Cognin;* — CLERC, *maire de St-Marcellin;* — CORRÉARD, *maire de Vinay;* — BRUN, *notaire;* — BREYNAT, *négociant;* — ROUX DE LAUDE, *propriétaire.*

DÉTROYAT, *capitaine, Membre du conseil municipal de St-Marcellin, Secrétaire-rapporteur de la commission des délégués de la vallée.*

L. CHABERT-D'HIÈRES,
Membre du conseil général, Président de la commission.

GRENOBLE, IMPRIMERIE DE C.-P. BARATIER.

TABLEAU DES VILLES ET VILLAGES AGGLOMERÉS
DEVANT AVOIR UNE STATION, AVEC LEUR DISTANCE DE LA LIGNE, ET QUI SERAIENT DESSERVIS

PAR LE TRACÉ DE LA VALLÉE.

NOMS.	Distances.	Populations agglomérées.	OBSERVATIONS.
La Buisserate.........	0,500ᵐ	200	A une distance moindre de 6
Saint-Robert..........	0,500	300	kilomètres, se trouvent plus de
Fontanil.............	0,500	200	30 villes ou villages, également
Voreppe.............	0,500	1,600	agglomérées, parmi lesquels
Moirans.............	0,100	1,800	Voiron et Rives, et comptant
Vourey.............	0,200	400	une population de plus de 15,000
Fure.............	0,200	600	habitants.
Tullins.............	0,150	4,100	Les cantons du Pont-en-Royans,
Poliénas.............	0,100	40	de la Chapelle-en-Vercors, de St-
L'Albenc.............	0,100	1,200	Jean-en-Royans, qui ont une po-
L'Allégrerie.........	0,200	400	pulation de 20,000 habitants, se-
Vinay.............	0,500	1,800	raient exclusivement desservis
Tèche.............	0,300	200	par le tracé de la vallée. Il en se-
Saint-Marcellin.......	0,250	2,400	rait de même des cantons de Cha-
La Sône et Chatte.....	1,200	1,800	beuil, du Péage et de Saint-Don-
Saint-Hilaire.........	0,400	440	nat.
Saint-Lattier.........	0,000	160	Le tracé par la vallée desservi-
La Baudière.........	0,100	60	rait convenablement Veurey,
Saint-Paul-les-Romans.	0,200	200	Noyarey et Saint-Quentin, sur la
Romans.............	0,000	14,000	rive gauche, ce que ne saurait
			faire celui de Saint-Rambert.
Distance moyenne.	6,000	31,900	Pour les deux tracés, on ne s'est attaché qu'à des nombres ronds.

PAR LE TRACÉ DE SAINT-RAMBERT.

NOMS.	Distances.	Populations agglomérées.	OBSERVATIONS.
La Buisserate.........	500ᵐ	200	Le tracé de St-Rambert ne de
Saint-Egrève...	600	300	servirait exclusivement que
Fontanil.............	500	200	canton de St-Etienne et une par
Voreppe.............	400	1,600	de celui de Roybon.
La Buisse.............	300	500	A une distance de 6 kilomèt
Voiron et Sermorens...	1,500	6,400	de ce tracé on ne pourrait p
Réaumont.............	100	100	trouver plus de 4000 habitan
Beaucroissant.	0,000	40	dans les villages agglomérés, to
St-Etienne-de-St-Geoirs	1,400	1,000	exclusivement agricoles, excep
Izeaux.............	1,200	500	Izeaux, qui est peuplé de cordo
La Côte-St-André.....	300	5,000	niers.
Sardieu.............	200	40	
Marcilloles.........	350	900	Pour le tracé direct sur Vien
Beaurepaire.........	1,800	2,200	il faudrait retrancher les statio
Epinouze.............	400	150	de Marcilloles, Beaurepaire, E
Saint-Rambert........	200	30	nouze et Saint-Rambert; elles
			raient remplacées par d'aut
Distance moyenne.	9,750	19,160	stations, auprès de villages mo importants encore.
			On concevra que faute de r seignements très-précis, il a se glisser dans les chiffres de tances et de populations agg mérées, quelques légères erreu

La distance a été comptée à partir du centre de chaque agglomération.

TABLEAU

DES USINES ET FABRIQUES

En activité dans la vallée de l'Isère, entre Moirans et Saint-Marcellin.

NOMS des LIEUX.	USINES de fontes FERS ET ACIERS.	NOMBRE D'OUVRIERS.	FILATURES et MOULINAGES.	NOMBRE D'OUVRIERS.	ETABLISSEMENTS divers POUR L'EXPLOITATION.	NOMBRE D'OUVRIERS.
rvais	1 fonderie de canons.	76	»	»	»	»
....	»	»	»	»	2 scies à bois.............	4
....	»	»	{ 1 moulinage .... / 2 filatures à vapeur. }	116	1 scie à bois.............	2
....	»	»	»	»	1 papeterie...............	7
mans	»	»	{ 2 moulinages ...... / 3 filatures à vapeur. }	120	»	»
nt-du-Pont .	{ 1 taillanderie ...... / 1 forge............ }	35	2 moulinages......	40	»	»
an	»	»	{ 2 moulinages...... / 2 filatures à vapeur. }	240	»	»
zaire	»	»	{ 2 moulinages...... / 1 filature à vapeur. }	160	100 métiers à soie.........	104
....	»	»	»	»	{ 2 papeteries............... 51 / 1 fabrique de châles....... 100 / 1 *id.* de chapeaux de paille. 125 / 3 briqueteries et tuileries... 23 / 1 blanchisserie de toiles.... 5 / 2 scies à bois............. 4 }	
....	{ 2 fabriques d'acier.. / 1 de cuivre....... / 1 taillanderie ...... }	60	1 fabrique de crêpes.	100	2 moulins à blanc.........	4
....	»	»	1 filature à vapeur.	36	»	»
....	{ 1 fabrique d'acier.. / 2 taillanderies..... }	15	{ 1 moulinage....... / 3 filatures à vapeur. }	196	{ 1 fabrique de bouts de nacre. / 3 scieries à bois............. / 2 moulins à blanc......... }	40
....	1 taillanderie	2	{ 1 moulinage....... / 1 filature à vapeur. }	60	»	»
rand	»	»	»	»	1 fabrique à sucre........	50
....	»	»	{ 5 moulinages...... / 5 filatures à vapeur }	335	20 métiers à crêpe	22
toine......	»	»	{ 2 moulinages..... / 2 filatures à vapeur. }	140	120 métiers à crêpe.......	125
....	{ 1 fabrique d'acier ... / 1 taillanderie...... }	12	{ 7 moulinages...... / 2 filatures à vapeur. }	320	{ 1 scie à bois............. / 3 *id.* à bois............. / 3 moulins à blanc......... / 20 métiers à crêpe......... }	36
TOTAUX.....	13	139	48	1863	34	702

Etablissements divers............ 95   Ouvriers employés............ 2704

n n'a compris aucune des nombreuses filatures à fourneaux qui se transformeraient bien vite en filatures à la va[peur]
racé par la vallée amenait sur place les houilles.
es papeteries de Rives et de Voiron qui ne consomment point de houille, seraient d'ailleurs desservies par le trac[é]

ÉTAT DES PATENTÉS
COMPRIS DANS LA ZONE DESSERVIE PAR L'EMBRANCHEMENT DU CHEMIN DE FER DE LA VALLÉE ,
DANS LE SEUL ARRONDISSEMENT DE SAINT-MARCELLIN.

DÉSIGNATION des PERCEPTIONS.	SERRURIERS, CHARRONS, MARÉCHAUX FERRANTS, consommant de la houille.	CAFETIERS , AUBERGISTES.	TOUTES les AUTRES CLASSES.	OBSERVATIONS.
Saint-Hilaire-du-Rosier.....	21	32	105	Nous regrettons de n'avoir réunir des renseignements ana gues sur les patentés des au tracés. Ils auraient été certai ment concluants en faveur tracé par la vallée.
Chatte..................	48	64	108	
Saint-Marcellin...........	24	81	175	
Vinay..................	30	52	226	
L'Albene................	16	32	100	
Tullins	37	87	231	
Moirans................	29	37	93	
Rives..................	43	59	186	
Roybon.................	15	39	53	
Saint-Quentin........... .	4	20	40	
Saint-Romans............	14	25	40	
Le Pont-en-Royans........	»	45	112	
	281	573	1469	

TABLEAU DE LA CIRCULATION

DANS L'ARRONDISSEMENT DE SAINT-MARCELLIN.

ENTREPRISE de DILIGENCES.	NOMBRE de VOITURES.	LIEUX de DÉPART.	LIEUX D'ARRIVÉE.	NOMBRE de PLACES.	NOMBRE de VOYAGES par an.	OBSERVATIONS.
Fabre................	2	Crest.	Lyon.	15	365	Cette voiture passe par Romans, St-Marcellin et Tullins. Correspond avec la Côte-St-André, Vienne et Lyon. Le courrier correspond avec la Côte-St-André, Bourgoin et Lyon.
Vial	1	Roybon.	St-Marcellin.	6		
Cyprien.............	1	Id.	Id.	2		
Fabre...............	2	Grenoble.	Valence.	16		
Id..................	2	Id.	Id.	9		
Id..................	2	Id.	Id.	9		
Gruizard............	2	Id.	Id.	12		Outre les voitures publiques, il y a un assez grand nombre de voitures à volonté ; mais surtout beaucoup de voitures particulières. La commune de St-Marcellin seule, en compte au moins 50.
Id..................	2	Id.	Id.	12		
Blachon.............	1	Tullins.	St-Marcellin.	6	Idem.	
Gachet..............	1	Grenoble.	Vinay.	6		
Grand	1	Vinay.	Grenoble.	6		Il y a 3 roulages directs, desservant St-Marcellin et partant de Vinay ou de St-Antoine.
Gruizard	1	Tullins.	Id.	8		
Martin..............	1	Moirans.	Id.	7		Il y en a aussi 3 de St-Marcellin à Grenoble ; puis beaucoup de voitures dites de coquetiers, partant des lieux intermédiaires ou de la rive gauche pour la même destination. Enfin, un autre roulage entre St-Marcellin et Romans.
Avaro...............	1	Rives.	Id.	6		
Chanrond............	1	Mi-plaine.	Id.	8		
Bret père...........	1	St-Marcellin.	Romans.	4		
Bret fils...........	1	Id.	Tullins.	5		
Blachon père........	1	Id.	Romans.	8	100	Les voyages en pèlerinage à l'Osier ou à la Louvesc, si nombreux, se font généralement à pied, ou sur des chars et charrettes non suspendus.
Boissieu............	1	Id.	Id.	8	100	
Provins.............	1	Id.	Voiron.	8	55